ANDREAS SALCHER

DIE GROSSE ERSCHÖPFUNG

UND DIE QUELLEN DER KRAFT

edition a

Gewidmet meinem Vater Rudolf,
der geprägt war von Herzenswärme und Großzügigkeit

Lesehinweise

Um die Lesbarkeit des Buches zu erleichtern, wurde darauf verzichtet, neben der männlichen auch die weibliche Form anzuführen, die gedanklich selbstverständlich immer miteinzubeziehen ist.

Liebe Leserin, lieber Leser,

das Buch ist in der Du-Form geschrieben. Ich habe mir die Entscheidung dazu nicht leicht gemacht. Der wesentliche Grund dafür sind viele Passagen, die per Sie distanziert und unpersönlich klingen würden. Daher bitte ich Sie, Ihnen für die Zeit, die Sie mit diesem Buch verbringen, das Du-Wort anbieten zu dürfen.

Das Thema »Erschöpfung« löst bei vielen Menschen oft tiefe Gefühle aus und ich werde an einigen Stellen ebenfalls Einblicke in mein Leben gewähren. Jede Ich-Formulierung in dem Buch ist daher eine persönliche Aussage von mir. Steht ein Ich-Zitat unter Anführungszeichen, dann bezieht es sich immer auf die in der Quelle angegebene Person.

Mir ist bewusst, dass es für manche eine eigenartige Situation ist, wenn ihnen ein Nicht-Nahestehender plötzlich das Du-Wort anbietet. Vielleicht stellst du dir eine Bergtour oder eine Expedition vor, bei der alle Teilnehmer zumindest für deren Dauer per Du sind.

Wenn wir uns in irgendeiner Form einmal begegnen sollten, dann werden wir spontan entscheiden, wie wir mit dem Du-Wort umgehen.

Andreas Salcher

INHALT

Einleitung: Warum so viele Menschen erschöpft sind

Zu allen Zeiten gab es vom Leben ermattete Menschen. Etwas ist heute anders und viele wissen nicht, warum. Die große Erschöpfung breiter Bevölkerungsteile ist wohl ein Phänomen unserer Zeit. Es ist die Dauerschleife der Krise. Die äußeren Bedrohungen durch die Coronaviren, die Lahmlegung aller geschäftlichen und privaten Aktivitäten in den Lockdowns, der Krieg in der Ukraine, die Geldentwertung und die immer sichtbarer werdenden Auswirkungen der Klimakrise haben die tief in unserem Inneren verdrängten Ängste und Zweifel an die Oberfläche gespült.

Baumstämme zerbrechen nicht so leicht unter Druck. Menschen schon. Viele kämpfen mit sich selbst, manche leiden still, einige wenige begehen aus Verzweiflung sogar Selbstmord.

Im Wort »ausschöpfen« verbirgt sich das Wort »Erschöpfung«. Wenn wir unsere Kraftreserven völlig ausschöpfen, ohne dass es uns Freude bereitet und langfristig Sinn ergibt, dann sind unsere Quellen irgendwann leer. Selbst Menschen, die sich bisher als weitgehend immun gegen Krisen empfunden haben und ihren Alltagsstress gut bewältigen konnten, werden für Erschöpfung anfällig. Diesen Befund bestätigt der deutsche Sozial- und Gesundheitswissenschaftler Klaus Hurrelmann: »Bei Menschen zwischen 17 und 27 Jahren haben sich psychische Belastungen wie Stress, Depression, Angststörungen und Leistungsabfälle schon nach der ersten Welle der Pandemie verdoppelt, teilweise sogar noch mehr erhöht. Für die gesamte Bevölkerung in Deutschland kann man sagen, dass sich der Anteil von Menschen, die vor der Pandemie keine psychischen Störungen hatte und jetzt davon betroffen ist, ebenfalls gesteigert hat. Menschen, die zuvor schon ihre Belastungsgrenzen erreicht haben, sind dann gekippt. Die Zusammenballung der zusätzlichen Krisen durch den Krieg und die Ängste vor Inflation und kalten Wohnungen hat das noch weiter verschärft.«[1]

Unmittelbar nach dem Angriff Putins auf die Ukraine gab es auf einmal erfolgreiche Unternehmerinnen, die Listen mit den Abflugzeiten nach Australien auf ihre Kühlschranktüren klebten. Die Autos von Familien parkten stets vollgetankt vor der Haustüre und abends studierten sie die genauen Einwanderungsbestimmungen von Kanada oder Neuseeland. Für diese Reaktionen gibt es offensichtliche Gründe. Die Massierung von zerstörerischen Kräften wie Verschuldung und Vertrauensverlust in die Währung, innenpolitische Polarisierungen, die wie in den USA selbst bürgerkriegsähnliche Zustände denkbar erscheinen lassen, durch Diktatoren ausgelöste Angriffskriege und der kalte Krieg zwischen dem aufstrebenden Imperium China und der stagnierenden Weltmacht USA sind deutliche Vorzeichen für eine Neuordnung der Welt.

Die Krisen der äußeren Welt verschärfen die Folgen von falschen Entscheidungen und Selbsttäuschungen in unserer inneren Welt.

Wir werden versuchen, den tiefer liegenden und vor allem den von uns selbst beeinflussbaren Ursachen für die Erschöpfung auf die Spur zu kommen und Auswege zu finden. Sind die Pandemie, der Klimawandel, Putins Überfall auf die Ukraine und die Geldentwertung des Euro tatsächlich völlig überraschende Ereignisse oder haben wir ihre Wahrscheinlichkeit nur bewusst ignoriert, weil das bequemer war? Für die Bereitschaft Wladimir Putins, gerne Panzer in fremde Länder zu schicken, gab es vom Krieg in Tschetschenien bis zur militärischen Besetzung der Krim eine Vielzahl an Beweisen. Haben wir ernsthaft geglaubt, dass der gewaltige Anstieg unserer Emissionen durch die Industrialisierung oder das ungebremste Wachstum der Weltbevölkerung von drei auf acht Milliarden innerhalb von sechzig Jahren ohne jede Auswirkung auf die Atmosphäre bleiben wird? Und um zu verstehen, dass die künstliche »Schöpfung« von Billionen von Euros durch die Europäische Zentralbank irgendwann zu einer ausufernden Inflation führen wird, brauchen wir nicht Volkswirtschaft studiert zu haben. Wir müssen nur auf unser Sparbuch oder auf den Kassenbon im Supermarkt schauen.

Die meisten Menschen ignorieren diese Fakten nicht deshalb, weil sie ihnen nicht bewusst sind, sondern weil es ihnen unmöglich ist, zu akzeptieren, dass der schlechtestmögliche Ausgang durchaus eintreten kann. Ist die

Verdrängung von real existierenden Gefahren nicht sogar notwendig, um unser tägliches Leben in einer hochkomplexen Welt bewältigen zu können?

Werden diese äußeren Bedrohungen nun aber plötzlich für uns alle spürbar und summieren sich mit den Belastungen des täglichen Lebens, kann das eine Kettenreaktion auslösen. Diese beginnt mit ständiger Müdigkeit, setzt sich in Erschöpfung fort und lässt letztlich unsere Seele erkranken.

Im März 2022 erschien im *Spiegel* eine große Reportage über eine Mütterkurklinik in Bad Wurzach, in der vollkommen erschöpfte Frauen mit viel Zeit für Reflexion und Gesprächen therapiert werden. Viele Mütter konnten irgendwann einfach nicht mehr. Schuld daran wären veraltete Rollenbilder, aber auch eine Gesellschaft, die die gesamte Sorgearbeit von Frauen für selbstverständlich hält, wurde in dem Artikel argumentiert. Aussagen wie »Kinder zu haben ist auch ein Fulltime-Job« einer Hausfrau, »Welche Freizeit habe ich noch? Ich habe doch Kinder« einer Marketingassistentin oder »Es wird an mir nur rumgemeckert« von einer alleinerziehenden Intensivkrankenschwester berühren zutiefst. Das Müttergenesungswerk – das heißt wirklich so – betreibt 73 derartige Kurkliniken mit Platz für 50.000 Frauen. Der Bedarf wäre um ein Vielfaches höher. Die kurzfristigen Effekte derartiger Kuren sind allerdings größer als die langfristigen, denn an den äußeren Lebensumständen lässt sich meist wenig ändern.

Männer scheuen sich zwar eher davor, das Wort »Erschöpfung« in den Mund zu nehmen, sie leiden aber ebenfalls darunter. Frauen fühlen sich insgesamt deutlich gestresster als Männer, aber bei den Männern nimmt der Stress seit 2013 stärker zu als bei den Frauen.[2] Dafür gibt es Ursachen. »Frauen achten viel selbstkritischer auf ihren körperlichen und psychischen Zustand, das schlägt sich dann auch in der höheren Bereitschaft nieder, sich Stress und Erschöpfung einzugestehen. Männer kostet es noch immer Überwindung, Belastung und vor allem Überforderung zuzugeben und sich Hilfe zu suchen. Das widerspricht ihrem archetypischen Rollenverständnis als Beschützer und Kämpfer. Diese Einstellung ändert sich aber erkennbar, vor allem bei jüngeren Männern, die sich nicht mehr als das starke Geschlecht sehen und sich daher leichter tun, Ängste und Schwächen zuzugeben«, meint Klaus Hurrelmann.[3]

Eines muss ich meiner Erschöpfung lassen:
Kondition hat sie.

Erschöpfte tauchen die Kelle in den Brunnen mit ihren Energiereserven und sie finden kein Tröpfchen mehr vor. Arbeit, Familie, eine Flut an sonstigen Verpflichtungen und zusätzlich unerwartete Krisen werfen jeden Plan über den Haufen. Die To-do-Listen werden ständig länger statt kürzer. Wenn sie mit ihren Kindern spielen, quält sie der Gedanke an die unerfüllten Aufgaben im Job. Sie wachen jeden Tag mit dem Gefühl auf, allein in einem Bergwerk Steine abbauen zu müssen. Der Pionier der modernen Managementwissenschaft, Peter Drucker, hat gesagt:

»Wann immer Sie einen hervorragenden Mitarbeiter gegen ein schlechtes System antreten lassen, wird immer das schlechte System gewinnen.« Das ist einer der Gründe, warum ursprünglich hoch motiviertes und engagiertes Pflegepersonal resigniert den Beruf wechselt. Idealistische Krankenschwestern und Pfleger, die Kranken und Schwachen helfen wollen, sehen sich auf einmal gezwungen, ihre Zeit immer mehr mit der Befriedigung einer bürokratischen Maschine zu verbringen und dafür ihre Patienten vernachlässigen zu müssen. Das lässt sich weder mit einmaligen Bonuszahlungen noch mit Phrasen wie »Unsere Helden des Alltags« lösen. Dazu kommen die Ängste vor Wohlstandverlust, kalten Wohnzimmern, leeren Benzintanks und dem bis vor Kurzem noch Undenkbaren – einem Krieg, der sich bis vor unsere Haustüren ausbreitet. Angst erschöpft.

Was unterscheidet aber Menschen, die sich völlig erschöpft fühlen, von jenen, die unglaubliche Belastungen noch immer meistern, jeden Morgen aufstehen und sich auf den neuen Tag freuen? Warum balancieren manche Mütter mit einem Kind, die finanziell abgesichert in einer funktionierenden Partnerschaft leben, ständig am Rande des Zusammenbruchs, während alleinerziehende Mütter mit drei Kindern und einem anstrengenden Job ihr Leben bewältigen? Wieso schaffen es viele Selbstständige und Unternehmer, deren Umsätze völlig eingebrochen sind, zuversichtlich neue Strategien und Ideen zu entwickeln, während Menschen, die de facto unkündbare Jobs haben, gänzlich von Zukunftsängsten blockiert sind? Ist die viel beschworene Work-Life-Balance wirklich die Lösung? Warum leiden manche junge Menschen unter den vielen Wahlmöglichkeiten für ihr Leben, während andere sich resigniert als Teil einer verlorenen Generation empfinden? Gibt es nicht auch positive Seiten der Erschöpfung? Man denke an das überwältigende Gefühl nach einem Gipfelsieg oder an den »kleinen Tod« beim Orgasmus.

Um die Suche nach Antworten auf diese Fragen geht es in diesem Buch. Es versteht sich als Einladung zu einem Dialog, den du jederzeit unterbrechen kannst, indem du Seiten oder ganze Kapitel überspringst, bis du auf einen Satz stößt, der deinen Verstand oder deinen Bauch für einen Moment von »nicht betroffen« auf »betroffen« wechseln lässt. Dann wird es spannend – auch für Männer.

Wie die große Erschöpfung mittelalte und junge Männer trifft

Die Erschöpfung schleicht sich unausweichlich als ungebetener Gast in das Leben mittelalter Männer[4], auch wenn sie das so lange wie möglich ignorieren wollen. Sie werden früher oder später mit einer generell sinkenden Leistungsfähigkeit auf allen Gebieten konfrontiert: Ihnen passieren ärgerliche Ungeschicklichkeiten bei einfachen Tätigkeiten. Rücken- oder Knieprobleme verleiden das geliebte Tennis- oder Golfspielen. Die Gespräche im Freundeskreis drehen sich eher um die Empfehlung guter Ärzte als um Tipps für coole Bars. Karriereträume müssen der Realität geopfert werden, stattdessen hängen sie in der beruflichen Stagnationsfalle. Zwar gefallen ihnen noch immer die gleichen attraktiven jungen Frauen, doch die Blicke, die sie diesen zuwerfen, werden desinteressiert oder gar mitleidig beantwortet. Beim Sex geht es nicht mehr so oft und so lange, wie sie wollen, oft gar nicht mehr. Die Symptome mögen unterschiedlich sein, aber irgendwann setzt sich die Erkenntnis durch, dass viele vertraute Dinge nicht besser, sondern schlechter werden, dass es eher ums Aufgeben statt um die Steigerung geht.

Manche finden Trost in gutem Essen, schönen Reisen und den Autos und Uhren, die sie sich leisten können. Die wahren Freunde für mittelalte Männer sind besonders in Krisenzeiten jedoch andere: Gelassenheit, Zufriedenheit und die Bereitschaft, großzügig an andere Menschen zurückzugeben, was man sich im Leben angeeignet hat. Wer rechtzeitig das große Ganze des Lebens sieht, das über unser Streben nach individuellem Lebensglück hinausgeht, der kann damit dem Kernproblem des mittleren Erwachsenenlebens begegnen: der Stagnation durch Selbstbezogenheit. Diesen Weg zu wählen, ist eine Entscheidung.

»Hormonelles Burn-out« ist für den Urologen und Leiter eines Zentrums für Männergesundheit, Markus Margreiter, keine offizielle Bezeichnung für eine Krankheit, aber ein Krankheitsbild, das er gerade in Zeiten der Krisen immer öfter sieht: »Das sind junge Männer, die gerade massive und nachhaltige Änderungen in ihrem Hormonhaushalt haben, ohne offensichtliche ursächliche Erkrankung. Männer in ihren Zwanzigern und Dreißigern, die untertags hart arbeiten, viel Stress ausgesetzt sind, schlecht essen, keine Ruhepausen einlegen, keine Energie tanken und nachts kaum schlafen, weil sie Existenzängste und Zukunftssorgen quälen. Eine Überlastung, die ihrem Körper annähernd alles abverlangt.«[5] Das halten sie eine Zeit lang aus, dann schlägt der Körper zurück. Der Testosteronwert sinkt bedenklich ab und die gesamte Hormonebene verschiebt sich.

Das typische Persönlichkeitsmuster ist geprägt von extremer Wettbewerbshaltung im Beruf wie im Privatleben. Männer, die ständig über ihrer Belastungsgrenze leben, verfügen nicht über zu wenig von einem Hormon, sie verbrauchen nur insgesamt zu viel davon.

Dieser Typus leidet weniger an Erschöpfung, sondern an Selbsttäuschung. Er erwartet, dass er die Praxis verlässt, ein Medikament nimmt und alles läuft sofort wieder wie zuvor. Gesundheit funktioniert aber nicht unter Druck. Markus Margreiter unterstützt diese Patienten, die sehr stark im Außen leben, dabei, in sich hineinzuhorchen, ihrem Körper und Geist Ruhe zu verschaffen. Das Wechselspiel aus Anstrengung auf Topniveau und Loslassen ist der Gesundheit viel zuträglicher als permanente Höchstleistung auf allen Gebieten. Wenn sich die Patienten auf diesen Weg einlassen, dann kommen sie Monate nach der Verhaltensänderung in die Praxis und erzählen, wie sie wieder Freude an der Familie, an der Sexualität und am Leben insgesamt gefunden haben.

Den Zugang zu den Quellen unserer Kraft finden

Eines vorweg: Ich glaube nicht an die »Universal Theory of Everything«, die unsere komplizierte Welt widerspruchsfrei erklärt und rezepthaft auf Handlungsanleitungen reduziert. Die fünf Regeln gegen Erschöpfung, die für jeden in jeder Lebenssituation passen, gibt es nicht.

Stattdessen greife ich im letzten Kapitel »Quellen der Kraft – was erfüllte von erschöpften Menschen unterscheidet« auf die Lebenserfahrung und Weisheit von drei bedeutenden Lehrern aus der Wissenschaft und Spiritualität zu.

Viktor Frankls Lehre hilft uns, auch in schwierigsten Situationen Freiräume zu erkennen.

Der Benediktinermönch David Steindl-Rast zeigt uns die vielen Chancen auf, dankbar für unser Leben zu sein. Er scheut sich nicht, Antworten auf die schwierigste Frage zu suchen: Wie können wir für den aktuellen Zustand der Welt dankbar sein?

Der Glücksforscher Mihaly Csikszentmihalyi weist uns den Weg, wie wir mit dem richtigen Maß an Anstrengung Glück statt Erschöpfung erfahren können.

Was ist neu daran? Diese Erkenntnisse werden nicht isoliert, sondern gesamthaft als Lösungsmöglichkeiten für die äußeren und inneren Folgen von Erschöpfung zusammengeführt. Es ist verblüffend, wie viele Gemeinsamkeiten sich in den Lehren dieser drei so unterschiedlichen Persönlichkeiten finden. Es handelt sich um universelle

Botschaften, die uns allen helfen können, ein zufriedeneres, sinnvolleres und letztlich glückliches Leben zu führen.

Du wirst aber feststellen, dass sich bestimmte Vorschläge, wissenschaftliche Thesen und spirituelle Weisheiten in diesem Buch widersprechen. Manche fühlen sich dadurch irritiert. Das ist großartig. Denn Neues zu erkennen, beginnt oft mit Irritation. Irritation ist die staunende Überraschung. Irritierbarkeit im Sinne von Überraschungsfähigkeit ist ein Synonym für Lebendigkeit. Lebendigkeit ist der Gegenpol zur Erschöpfung. Irritierte halten einen kurzen Moment inne.

»Stop. Look. Go.« nennt der Benediktinermönch David Steindl-Rast dieses Prinzip des Innehaltens. Ursprünglich hat man mit diesem Merksatz Kindern beigebracht, wie sie sicher über eine Straße gehen sollen. Doch wir können ihn auf viele Herausforderungen unseres Lebens anwenden. Gerade wenn wir uns total erschöpft fühlen, sollten wir stehen bleiben, durchatmen, uns Zeit nehmen und schauen, wofür wir gerade dankbar sein können – gesunde Kinder, bunte Blumen, klares Wasser, den hellblauen Himmel, einen Spaziergang im Wald –, und uns daran erfreuen. Das »Go« ist dann die Freude, weiterzugehen. Das funktioniert nicht für jeden. Wenn wir schon tief im Loch sitzen, können wir natürlich nicht weitergehen. Wir können jedoch einen Augenblick damit aufhören, weiterzugraben. Jean Piaget hat das so formuliert: »Intelligenz ist das, was man einsetzt, wenn man nicht weiß, was man tun soll.«

Es ist nicht immer die Vielzahl von Aufgaben, die Menschen so erschöpft.

Sondern es ist der Verlust an Orientierung, sobald das Wertegerüst, das sie sich im Laufe der Jahre zurechtgezimmert haben, ins Wanken gerät.

Spiritualität und Intelligenz, Intuition und Verstand sind wichtige Energiequellen unseres Lebens. Nutzen wir sie miteinander, dann zeigen sie uns immer Wege und Auswege, manchmal auch Umwege, wie es weitergehen kann. Lassen wir sie aufeinanderprallen, dann blockieren sie uns.

Eine Erklärung für die fortschreitende Entfremdung zwischen dem Menschen und der Welt sieht der deutsche Soziologe Hartmut Rosa in der Illusion der totalen Planbarkeit: »Das kulturelle Antriebsmoment jener Lebensform, die wir modern nennen, ist die Vorstellung, der Wunsch und das Begehren, Welt verfügbar zu machen.«[6] Daher wird bei Naturkatastrophen wie Überschwemmungen, einer Pandemie oder der Abhängigkeit von russischen Gaslieferungen stets nach »Verantwortlichen« gesucht. Jemand muss doch die Schutzmaßnahmen vernachlässigt und die Warnzeichen übersehen haben.

Was tun?

Als selbstreflektierte Menschen erkennen, dass es unvermeidbare Unglücke und Krisen sowohl im eigenen Leben wie auch in der Welt gibt. Es ist nicht möglich, diese durch administrative Maßnahmen abzuschaffen, um uns Menschen vor allen Rückschlägen zu bewahren. Der Preis, den wir für die Illusion zahlen, die Welt durch noch mehr Regeln und Gesetze total verfügbar zu gestalten, macht uns blind für die Realität des Lebens. Es wird immer ungerechtfertigte Kündigungen, Enttäuschungen durch geliebte Menschen oder bösartige Krankheiten im Leben geben, genauso wie in der Welt Kriege, Pandemien und Wirtschaftskrisen plötzlich ausbrechen können. Das meiste davon können wir nach einiger Zeit bewältigen, wirklich gefährlich ist alles, was den Kern unserer Persönlichkeit trifft. Wer nur wenige Verhaltensmuster hat, wird schwer in unterschiedlichen Lebenssituationen auf die richtigen Kompetenzen zurückgreifen können, die er benötigt.

Gefühle von Überlastung, Erschöpfung, Orientierungslosigkeit, Hoffnungslosigkeit, Zerrissenheit, Bedeutungslosigkeit oder Einsamkeit verengen die Sicht auf unser Leben. Sie können einzeln oder in Kombination auftreten. Wir leiden dann unter Kurzsichtigkeit. Wir sehen nicht mehr, wer wir sein könnten. Daher benötigen wir einen klaren Blick, um unsere Handlungsmöglichkeiten zu erkennen, statt der Ohnmacht Macht über uns zu geben oder wütend Schuldige zu suchen.

Drei Fragen können helfen, Orientierung im Leben zu finden.

Tust du das, was du tust, aus Leidenschaft? Mit »tun« kann der Beruf, die Erziehung von Kindern, das ehrenamtliche Engagement für eine gute Sache oder eine erfüllende Freizeitbeschäftigung gemeint sein. Oft landen Menschen bei der Frage: Arbeite ich, um zu leben, oder lebe ich, um zu arbeiten? Diese einfache Frage klingt vielversprechend, ist aber gefährlich falsch.

Wie hoch ist der Qualitätsanspruch an dein Tun? Strebst du dort, wo es dir wichtig und möglich ist, Meisterschaft an oder reihst du dich ein in die Kultur der Mittelmäßigkeit? Erfüllung im Tun ist immer mit Anstrengung verbunden, wie der Glücksforscher Mihaly Csikszentmihalyi herausgefunden hat. Entscheidend ist, das richtige Maß zu finden. Überforderung führt genauso wie Unterforderung zum Verlust an der Freude am eigenen Tun und somit zum Sinnverlust.

Und dann ist da noch die Frage nach dem Sinn in deinem Tun. Macht das, was du tust, Sinn für dich selbst, Sinn für andere und Sinn für die Welt? Arbeit ist nicht die Strafe Gottes, sondern etwas, das unserem Leben Sinn geben kann, hat uns Viktor Frankl gelehrt. Allerdings nur dann, wenn wir unsere Arbeit nicht völlig fremdbestimmt und sinnbefreit leisten müssen.

Antworten auf diese drei Fragen können wir alle nur für uns selbst finden.

Dieses Buch basiert auf Gesprächen mit vielen sehr unterschiedlichen Menschen über ihre Erfahrungen mit Erschöpfung. Der Extrembergsteiger Peter Habeler ist davon überzeugt, dass viel von dem, was er auf den Bergen gelernt hat, ident mit dem ist, was wir im normalen Leben anwenden können. Mitarbeiterinnen und Mitarbeiter der Wiener Straßenreinigung werden erzählen, wie man auch beim täglichen Schleppen und Ausleeren von Mülltonnen Augenblicke der Freude erleben kann, etwa wenn Menschen in der Pandemie ihnen von Balkonen zugejubelt haben. Wenn sie nach einer Silvesternacht die völlig vermüllte Wiener Innenstadt in wenigen Stunden so aussehen lassen wie am Tag davor, dann wissen sie, dass sie gebraucht werden und worin der Sinn ihrer Arbeit besteht. Psychotherapeuten und Ärzte werden uns einen Blick in das Seelenleben ihrer Klienten erlauben und erläutern, was wir von ihren Strategien gegen die individuellen Erschöpfungsmuster lernen können.

Die gute Nachricht

Wir brauchen weder unser Leben radikal umstellen – das gelingt nur den wenigsten – noch versuchen, die ganze Welt zu retten. Damit können wir nur scheitern. Interessieren wir uns stattdessen für unser Umfeld. Das beginnt mit dem Mut, andere um Hilfe zu bitten und ungefragt Hilfe anzubieten. Vielleicht hast du schon vom »Benjamin-Franklin-Effekt« gehört. Dieser besagt: Wenn wir jemanden erfolgreich bitten, uns einen Gefallen zu tun, werden wir ihm dadurch sympathischer. Wir müssen nicht alles alleine bewältigen.

Mehr als Gedanken kann ein Buch nicht inspirieren. Das ist aber durchaus sehr viel. Ich darf dir versprechen, dass du »deine« Sätze finden wirst, die dich überraschen und anregen werden. Die Beispiele werden dir zeigen, dass wir nicht immer die Macht haben, die großen Dinge in der Welt zu ändern, aber sehr wohl die Chance, die kleinen durch unsere Entscheidungen zu korrigieren. George Bernard Shaw hat dazu gesagt: »Man gibt immer den Verhältnissen die Schuld für das, was man ist. Ich glaube nicht an die Verhältnisse. Diejenigen, die in der Welt vorankommen, gehen hin und suchen die Verhältnisse, die sie wollen, und wenn sie diese nicht finden können, schaffen sie sie selbst.«

Wir gehen auf zwei Beinen durch das Leben. Unser Bewegungsablauf besteht im Wechsel zwischen Stand- und Spielbein. Das Standbein bleibt mit dem Boden verbunden, während das Spielbein den Boden verlässt, im Kniegelenk leicht einknickt und das Bein hebt, um den Schritt zu vollführen. Stellen wir uns vor, das Standbein steht für die materiellen, sichtbaren Dinge im Leben und das Spielbein für die Seele, das Unsichtbare, das Spirituelle. Wenn wir das Spielbein verkümmern lassen, weil wir versuchen, immer nur auf dem Standbein durch das Leben zu hüpfen, dann brechen wir bald erschöpft zusammen. Wenn wir immer wieder wider besseres Wissen das Falsche tun, dann erkrankt irgendwann unsere Seele. Gar nichts zu tun, ist fast immer das Falsche. Jeder auch noch so kleine Versuch, eine Chance zu ergreifen, kann zu einem erstaunlichen Erlebnis werden.

Wenn wir etwas für uns und unsere Gemeinschaft tun, fühlen wir uns besser. Darum geht es in diesen bewegten Zeiten.

Beipackzettel: Vor Gebrauch des Buches bitte lesen.

In diesem Buch wird der Versuch unternommen, einige tiefer liegende Gründe für die grassierende Erschöpfung breiter Bevölkerungsschichten zu untersuchen und mögliche Auswege anzubieten. Dazu ist vorweg eine Klarstellung notwendig:

Erschöpfung oder chronische Müdigkeit können eindeutige medizinische Ursachen haben.

Schwere Depressionen, Burn-out, Krebserkrankungen, Hormonstörungen, Long Covid und viele andere Erkrankungen können zu Müdigkeit und chronischer Erschöpfung führen.

Wer sich daher über einen längeren Zeitraum niedergeschlagen und energielos fühlt, keine Lebensfreude empfindet und feststellt, dass das eventuell auch noch mit körperlichen Symptomen verbunden ist, sollte mit seinem Hausarzt darüber reden, der Empfehlungen für qualifizierte Fachärzte oder Therapeuten geben kann.

1 Interview von Andreas Salcher mit Klaus Hurrelmann am 12. September 2022.
2 TK-Stressstudie 2021.
3 Interview von Andreas Salcher mit Klaus Hurrelmann am 12. September 2022.
4 Der Begriff »mittelalte Männer« wurde dem gleichnamigen, großartigen Roman von Richard Russo entlehnt.
5 Markus Margreiter: *Mann 2020*. S. 135. 2019. edition a.
6 Hartmut Rosa: *Unverfügbarkeit (Unruhe bewahren)*. 2018. Residenz.

Die Diagnose: Mythen und Wahrheiten

Mythos: Die ständigen Krisen der äußeren Welt erschöpfen uns.

Wahrheit: Die Krisen der äußeren Welt verschärfen die Folgen von falschen Entscheidungen und Selbsttäuschungen in unserer inneren Welt.

Die große Erschöpfung hat viele Gesichter. Unser Planet ist erschöpft von der gnadenlosen Ausbeutung und Zerstörung seiner Schätze. Unsere Welt ist erschöpft von der ständigen Unsicherheit. Unsere Gesellschaft ist erschöpft von der Politik. Unsere Kinder sind erschöpft vom Bildungssystem. Die Ärzte und das Pflegepersonal sind erschöpft von den nie enden wollenden Wellen der Pandemie. Die Lehrer sind erschöpft vom permanenten Wechsel zwischen Präsenzunterricht und Homeschooling. Die Frauen sind erschöpft von den unerfüllbaren Erwartungen an sie. Die Männer sind erschöpft, weil sie nicht zugeben dürfen, am Ende ihrer Kräfte zu sein. Mitarbeiter sind erschöpft von den stundenlangen virtuellen Zoom-Meetings. Die einen reagieren darauf mit dem Willen, etwas zu ändern, die anderen sagen: »Ich halte das alles nicht mehr aus.«

Die Journalistin Caroline fuhr mit letzter Kraft ins Spital, weil sie Herzrasen, wie vor einem Infarkt, hatte. Dort wurde ein 17-fach erhöhter Cortisol-Wert festgestellt. Es bestand der Verdacht auf einen Nebennierentumor. In Wahrheit war ihre Lebenssituation für ihr gefährlich hohes Stressniveau verantwortlich. Drei kleine Kinder, mehrere Jobs, um die Familie und einen Mann zu erhalten, der völlig ausließ, weil er sich beruflich als Künstler neu erfinden wollte. »Ich habe nur mehr wie ein Autopilot funktioniert, war todunglücklich, völlig fertig und habe manchmal, bevor ich ins Büro gekommen bin, im Auto bitterlich geweint, weil das kurzfristig entlastend war. Dann ging es weiter. Ich bin quasi über meine eigene Leiche gestiegen.« Es gab durchaus Gespräche und Vereinbarungen mit ihrem Mann, was sich in ihrer Beziehung ändern musste. Sie zeigte nur viel zu lange Verständnis dafür, dass fast nichts davon umgesetzt wurde, sondern sie verschob ihre innere Deadline immer wieder – bis es einfach nicht mehr ging. Es war der erste Satz, den ihr Mann in der Mediation sagte, der ihr half, die Entscheidung für die Scheidung zu treffen: »Das Hauptproblem ist, dass meine Frau nicht belastbar ist.« Caroline antwortete darauf: »Ich will die Scheidung.« Damit war die Mediation nach zwei Sätzen beendet. Sie hat für sich erkannt: Zwischen Selbstfürsorge und Egoismus liegen Welten.

Das Beispiel von Caroline steht für das Muster vieler Menschen. Erst als zu ihrer hohen Grundbelastung und ihrer Ehekrise zusätzlich die äußeren Bedrohungen kamen, hielt sie das irgendwann nicht mehr aus. Die Kumulation der Krisen ist daher meist nur der Auslöser, aber eben nicht die tiefere Ursache für die Erschöpfung, die Menschen quer durch alle Schichten lähmt. Diesen Ursachen auf die Spur zu kommen, ist das Thema dieses Kapitels.

Der getäuschte Mensch und die harte Wahrheit

»Die Einbildung tröstet die Menschen über das, was sie nicht sein können. Der Humor tröstet sie darüber hinweg, was sie wirklich sind.«
Albert Camus

Unsere Eltern und Großeltern mussten hart arbeiten, sie hatten aber realistische Erwartungen an das Leben. Heute lassen sich viele Menschen einreden, dass sie überall perfekt sein müssen. Einen unrealistisch hohen Perfektionsanspruch in allen Lebensbereichen stellen überwiegend Frauen an sich selbst, berichtet die Familientherapeutin Martina Rammer-Gmeiner: »Nehmen wir als Beispiel eine Frau mit einem Kind, mit einem Teilzeitjob und in einer aufrechten Beziehung lebend. Die stellt dann an sich selbst den Anspruch, die perfekte Mutter und im Job super zu sein. Das Kind wird täglich von ihr auf maximal gute Leistungen in der Schule trainiert, die Wohnung muss jederzeit total sauber und sie selbst immer tipptopp gestylt sein. Selbst wenn sie sich eine Putzfrau leistet, stöhnt sie, dass sie hinter dieser noch nachwischen müsse. Fällt die Putzfrau einmal aus, wird das als Katastrophe empfunden.«

Die Therapeutin empfiehlt ihren Klientinnen, klare Prioritäten zu setzen und den Perfektionsanspruch auf wenige Bereiche zu reduzieren. Dann bleibt auch Zeit für die eigenen Bedürfnisse. Dabei helfen einfache Fragen: Was brauche ich für mich selbst, damit es nicht nur meinem Partner, meinen Kindern und meinem Chef gut geht?

Was war früher vor der Krise besser, das jetzt schlecht ist? Was kann ich konkret für mich tun, damit es mir in der schwierigen Zeit trotzdem gut geht? Wenn ich zwei Tage in meinem Leben geschenkt bekommen würde, an denen ich nur tun könnte, was ich will, was wäre das? Gerade erschöpften Menschen fällt es oft schwer, diese Fragen zu beantworten. Sie wissen gar nicht, was sie wirklich erfüllt und was ihnen guttun könnte.

Erschöpfung hat viel mit falschen Erwartungen zu tun. Wenn durchschnittliche Menschen glauben, ständig ihr ganzes Leben wie Hollywood-Stars posten zu müssen, um mit zehn Likes belohnt zu werden, dann stresst das auf Dauer und führt letztlich zu Enttäuschungen, weil man doch kein Instagram-Star mit Hunderttausenden Followern wird. Junge Mütter erwarten oft, dass alles besser wird, sobald die Kinder in die Schule eintreten. Diese Erwartung wird fast immer enttäuscht, da die meisten Kinder in der Schule wesentlich mehr Unterstützung als im Kindergarten brauchen. Arbeiten wird eher noch schwieriger.

Unser Schulsystem gleicht immer mehr einem Fernlerninstitut mit Anwesenheitspflicht für die Schüler am Vormittag und Nachlernpflicht für die Mütter am Nachmittag, und das schon ab der Volksschule. Deshalb plädiere ich schon lange dafür, dass Mütter, die selbst keine Matura haben, aber zumindest ein Kind bis zur Matura bringen, diese ebenfalls mitverliehen bekommen sollen. Sie haben es sich redlich verdient.

Werden Erwartungen an sich selbst oder andere unrealistisch überhöht, dann führt das erst zur Frustration und in der Folge zum Sinnverlust. Martina Rammer-Gmeiner meint dazu: »Erschöpfung ist die Folge von Entscheidungen, die Menschen treffen. Es gibt viele belastende Faktoren, aber die harte Wahrheit lautet: Du entscheidest, ob du erschöpft bist.«

Nein – das Zauberwort, mit dem wir Macht über unser Leben gewinnen

Der Drang zur Perfektion wird vielen Frauen in die Wiege gelegt und dann durch die Eltern noch verstärkt. Perfektion ist an sich nichts Negatives. Die Frage ist, ob frau überall perfekt sein muss? Das eingelernte Rollenverhalten verleitet Frauen oft dazu, jede Aufforderung an sie als Gelegenheit zu sehen, zu beweisen, wie perfekt sie sind. Sagt man ihnen: »Du brauchst es mir nur zu sagen, wenn du es nicht schaffst«, löst das bei ihnen den Reflex »Natürlich kann ich das« aus. Ohne ein schlechtes Gewissen Nein zu sagen, wurde ihnen selten vorgelebt. Priorität haben immer die Bedürfnisse aller anderen. Selbst wenn sie die Kraft für ein Nein aufbringen, belastet sie danach das schlechte Gewissen. Wenn Frauen zu erschöpft sind, um nach einem vollen Arbeitstag, dem Lernen am Nachmittag mit den Kindern und der Organisation des Haushalts dem Drängen des Partners nachzugeben, »heute endlich am Abend wieder etwas spontan zu unternehmen«, dann nagt das an ihnen, weil sie jemandem einen Wunsch nicht erfüllt haben. Ihre eigenen Bedürfnisse geraten in Konflikt mit ihrer Sehnsucht nach Harmonie in der Familie. Sie müssen lernen, dass sie auch dann geliebt werden, wenn sie einmal Nein zu den Wünschen anderer sagen.

Bei Männern richtet sich der Drang zum Perfektionismus eher auf ihre berufliche Laufbahn. Sie strengen sich ungemein an, um die nächste Sprosse auf der Karriereleiter zu erklimmen, weil sie davon überzeugt sind, dass sie sonst von der Gesellschaft nicht anerkannt und von der Partnerin nicht geliebt werden. Wenn sie sich dann dazu verleiten lassen, zusätzliche Aufgaben zu übernehmen, die nicht ihren Fähigkeiten entsprechen, weil sie glauben, ein Nein könnte ihre Karriere gefährden, dann entfernen sie sich immer weiter von ihren eigenen Bedürfnissen. Manche kommen sogar auf der Erfolgsleiter weit hinauf, beim Hinunterblicken realisieren sie jedoch, dass die Leiter an der falschen Mauer lehnt.

Wir Menschen können sehr wohl lernen, Nein zu sagen. Nein sagen ist nichts Verbotenes. In Anlehnung an Ingeborg Bachmann: Ein ehrliches Nein ist den Menschen zumutbar.

Gerade in Zeiten der Erschöpfung ist es wichtig, nicht nur selbst Nein sagen zu können, sondern andere dazu zu ermutigen. In diesem Sinne erlaube ich mir, dir meine persönliche Strategie offenzulegen:

Zunächst, du wirst mich nicht auf Facebook oder Instagram finden und auch auf TikTok bin ich nicht. Trotz des Drängens einiger Freunde habe ich Nein dazu gesagt. Deshalb lebe ich nicht im Kreidezeitalter, ich habe einen YouTube-Kanal, um meinen Podcast »Lebensbildung« zu verbreiten, und ich bin auf LinkedIn, um als Unternehmensberater mit der Geschäftswelt zu kommunizieren. Das reicht. Ich muss nicht überall dabei sein. Ich kann Nein sagen.

Als Buchautor bekomme ich viele E-Mails. Jene von Kunden oder Freunden beantworte ich schnell. Das Feedback der Leserinnen und Leser meiner Bücher ist mir wichtig. Daher lese und beantworte ich diese Nachrichten sorgfältig. Die meisten Menschen wollen aber etwas anderes von mir: Manuskripte, die sie geschrieben haben, zu lesen und Verlagen zu empfehlen, kostenlose Vorträge an entlegenen Orten zu halten oder persönliche Termine, um großartige Projekte vorzustellen. Viele wollen sich einfach auf einen Kaffee treffen, um mit mir über Bildung, Gott und die Welt zu diskutieren. Im Laufe der Jahre habe ich 21 Antworten auf derartige Anfragen vorformuliert, die ausführlich und ehrlich in 95 Prozent der Fälle am Ende mit einem freundlichen, aber eindeutigen Nein enden.

Jede Regel ist so gut wie ihre Ausnahme. Manchmal lasse ich mich auf ungewöhnliche Begegnungen ein, weil mich Menschen berühren, rede nächtelang mit einem fremden Menschen oder ringe mir aus Neugier ein Ja ab, obwohl ich nach der Befolgung meiner Regeln eigentlich Nein sagen müsste. Wenn ich in fünf Prozent der Fälle positiv antworte, dann ist es ein klares, verbindliches Ja. So halte ich kostenlose Vorträge ausschließlich für Hospize und die Caritas. Verlegenheitsantworten wie »Bitte um Geduld, das muss ich mir noch überlegen« habe ich mittlerweile auf null Prozent reduziert. Sie erwecken nur falsche Erwartungshaltungen. Das tue ich aus der Erfahrung, dass man dazu neigt, Verpflichtungen, die scheinbar weit in der Zukunft liegen, leichtfertig anzunehmen. Diese summieren sich dann aber ebenfalls zu einer gewaltigen Last. Übrigens, du wirst es nicht glauben, ich habe noch immer gute Freunde.

Nun von mir selbst zu Menschen, die oft Hunderte Anfragen in der Woche bekommen. Die freundlichste Absage, die ich in meinem Leben erhalten habe, kam von einer Frau: Hillary Clinton. Ich habe mich sehr bemüht, sie mithilfe meines Netzwerks in den USA als Rednerin für die Waldzell Meetings im Stift Melk zu gewinnen, die ich von 2004 bis 2007 veranstaltet habe. Tatsächlich erhielt ich dann einen ausführlichen, von ihr persönlich unterschriebenen Brief. Sie bedankte sich für die Einladung, ging auf die genauen Zielsetzungen des Meetings ein und dass sie deshalb gerne teilnehmen würde. Dann folgte im letzten Satz eine wunderschön formulierte Absage, die ich heute noch zitieren kann: »Aufgrund meiner vielen Verpflichtungen kann ich noch nicht verbindlich zusagen und bitte Sie daher, die Veranstaltung vorerst ohne meine Teilnahme zu planen.«

Als Beispiel für den respektvollen Umgang mit den Wünschen anderer und den eigenen Bedürfnissen können wir den Benediktinermönch David Steindl-Rast heranziehen. Jeder, der ihm schreibt, erhält sofort eine lange, ungemein wertschätzende automatische Antwortmail, in der er sich bedankt und bestätigt, dass er die Nachricht lesen wird, aber nicht versprechen kann, dass er sie aufgrund der Vielzahl an Mails auch beantworten kann. Ich habe Bruder David einmal gefragt, wie er damit umgeht, dass sich weit mehr Menschen mit ihm treffen wollen, als er schaffen kann. »Ich prüfe immer, wer mich dringender braucht. Und ich halte Zusagen, die ich einmal gegeben habe, ein.« Bruder David nimmt sich auch Zeit für sich selbst, dann erhalten alle Freunde von ihm eine E-Mail, in der er sie mit liebevollen Worten um Verständnis dafür ersucht, dass er jetzt in Klausur oder auf eine Reise geht und daher die nächsten drei Monate nicht erreichbar sein wird.

Mihaly Csikszentmihalyi hat mir erzählt, dass er für die Recherchen zu seinem Buch *Kreativität* den Managementguru Peter Drucker um ein Interview gebeten hat. Csikszentmihalyi war damals durch den Erfolg seines Flow-Konzepts schon eine wissenschaftlich weltweit anerkannte Kapazität. Peter Drucker antwortete ihm daher auch persönlich: »Ich habe mit großer Bewunderung Ihr Werk studiert und schätze Sie sehr. Ich nutze meine Zeit aber ausschließlich für meine eigene Arbeit und daher bedauere ich, dass ich Ihrem Wunsch nicht nachkommen kann.«

Über dem Schreibtisch des Psychiaters Oliver Sacks, der durch sein Buch *Der Mann, der seine Frau mit einem Hut verwechselte* bekannt geworden ist, hing ein großes Schild, auf dem ein Wort stand: NEIN.

Ich bin so umfassend auf die Macht des Wortes »nein« eingegangen, weil mich vor allem viele meiner Freundinnen und weiblichen Interviewpartnerinnen darum gebeten haben. Die Macht, ohne schlechtes Gewissen oder Furcht vor Konsequenzen Nein sagen zu dürfen, ist für viele Menschen nicht selbstverständlich. Und ganz wichtig: Ein Vielleicht ist das Nein der Feiglinge.

Warum machen wir Dinge, die wir weder tun wollen noch tun müssen?

Im viel zitierten, aber selten gelesenen Roman *Der Mann ohne Eigenschaften* von Robert Musil gibt es einen Satz, der – richtig angewendet – ein wirksames Mittel gegen die Erschöpfung unserer Zeit sein kann: »Leben heißt auswählen.«

Konkret bedeutet das, sich bei allen Aktivitäten, Verpflichtungen und Aufgaben zu fragen:

Muss ich es tun?

Will ich es tun?

Wenn du zweimal mit Nein antworten möchtest, dann sage auch Nein dazu. Nein ist ein wirkmächtiges Wort gegen Erschöpfung.

Offenbar erfordert es Entschlossenheit, Nein zu den vielen Dingen zu sagen, die wir weder tun wollen noch tun müssen. Am einfachsten geht das bei der Zeit, die Menschen sinnlos mit sozialen Medien verbringen. Wer sich beklagt, dass ihn Facebook, TikTok und Instagram erschöpfen, ist selbst schuld. Sorry.

Viel mehr Mut ist nötig, um bei den entscheidenden Weichenstellungen Nein zu Lebensentwürfen zu sagen, die gut für andere, aber nicht für uns selbst sind. Wer die Freiheit liebt, sollte sich ernsthaft prüfen, ob die Gründung einer großen Familie ihn langfristig erfüllen wird. Eltern werden bestätigen: Kinder bereiten viel Freude, sie erschöpfen aber auch. Wir können Kindern nicht sagen: »Wenn du noch einmal so einen Krach machst, dann kannst du deine Sachen packen und dir eine neue Familie suchen.« Nicht alle Menschen sind für große Familien geschaffen. Sich das ehrlich einzugestehen, ist für alle Beteiligten besser, als dann vor der Verantwortung zu fliehen. Für Frauen ist es noch schwieriger, sich öffentlich gegen eigene Kinder auszusprechen, wie das Nadine Pungs in ihrem Buch *Nichtmuttersein: Von der Entscheidung, ohne Kinder zu leben* tut. Sie fragt darin, woher die Vorstellung kommt, dass jede »normale« Frau den Wunsch nach eigenen Kindern hegen muss.

Wem Selbstbestimmung viel und Status wenig bedeutet, der braucht sich nicht zu einer Karriere in einem Konzern drängen lassen. Wer versucht, sein Leben so weit wie möglich nach den eigenen Vorstellungen auszurichten, wird nicht immer richtigliegen. Aber er kann Vertrauen in sein eigenes Wertesystem gewinnen und damit auch Vertrauen in die Welt. Ein erfülltes Leben ist das Ergebnis von guten Entscheidungen und nicht von einem beeindruckend formulierten Lebenslauf.

»Nein« ist ein mächtiges Zauberwort. Aber es gibt auch das Zauberwort »Ja«, um dein Leben aktiv zu gestalten. Es ist wichtig, Aufgaben, Ziele und Herausforderungen zu erkennen, die dir Spaß machen, die Sinn stiften, die dir guttun. Sehnsüchte wie »Ich wollte schon immer einmal mit der Vespa durch die Toskana fahren« oder »Ich wollte immer zeichnen lernen« oder »Ich möchte endlich mit meinem Sohn oder meiner Tochter einen Monat um die Welt reisen« sind wichtige Erkenntnisse über dich selbst. Wenn du aber nicht »Ja, und jetzt mache ich es auch« sagst, nicht ins Tun kommst, dann zermürbt dich das eigentlich sinnstiftende Ziel. Wenn du nicht tust, was du eigentlich willst, wirst du erschöpft vom Nicht-Tun.

Denn bemerkenswerterweise schieben wir auch Dinge auf, die wir eigentlich besonders gerne machen würden. Im Archiv in unserem Gehirn gibt es einen Raum, auf dessen Tür »Unerfüllte Wünsche« steht. Im Laufe unseres Lebens füllt sich dieser Raum, wir betreten ihn manchmal in unseren Tagträumen. Das Hindernis auf dem Weg vom ständigen Aufschieben zum entschiedenen Anfangen ist das scheinbare Fehlen einer letzten Anmeldefrist für die Verwirklichung unserer Lebensträume. Dabei verbirgt sich diese im Wort »Deadline«.

> *»Der größte Verlust für das Leben ist die Verzögerung. Sie entzieht uns immer gleich den ersten Tag, sie raubt uns die Gegenwart, während sie Fernliegendes in Aussicht stellt.«*
>
> *Seneca*

Zu viele Möglichkeiten erzeugen Stress statt Freiheit.

Ein Souvenirladen mit einer Vielzahl von unterschiedlichen Produkten wie Andenken, Büchern und landestypischen Erzeugnissen war Schauplatz eines Experiments.[1] Für die Gruppe A wurden auf einem Tisch 24 Marmeladen mit der Möglichkeit, diese zu probieren, angeboten. Das Setting für die Gruppe B war exakt gleich, mit dem einzigen Unterschied, dass es nur sechs Marmeladen zum Verkosten gab. Das Ergebnis: Die Gruppe A verbrachte deutlich mehr Zeit beim Tisch mit den 24 Marmeladen und kostete ausgiebig. Es kauften dann allerdings nur drei Prozent tatsächlich Marmelade. In der Gruppe B mit den sechs Marmeladen waren es dagegen dreißig Prozent. Die Erklärung ist plausibel: Weniger ist mehr.

Zu viele Optionen verwirren uns, sodass wir lieber gar keine wahrnehmen, aus Sorge, die falsche Entscheidung zu treffen. Bei Marmeladen hat die Überforderung, eine Entscheidung zu treffen, keine relevanten Konsequenzen. Genauso entscheiden sich viele Menschen trotz der unzähligen angebotenen Sorten in Eissalons letztlich immer für Erdbeere, Schokolade und Vanille. Lassen wir uns dagegen bei zentralen Weichenstellungen im Leben durch zu viele Optionen blockieren, führt der dadurch verursachte Stress zur Nicht-Entscheidung. Diese kann sich sogar als die schlechteste Wahl entpuppen.

Der Soziologe Hartmut Rosa sieht in der scheinbaren Vergrößerung unserer Optionen ein Symptom unserer Beschleunigungsgesellschaft, die zur Sucht nach immer mehr Möglichkeiten ausarten kann, die uns dann aber daran hindern, von diesen auch wirklich Gebrauch zu machen. Wir gieren nach mehr Möglichkeiten, mehr Aktivitäten, mehr Erlebnissen, mehr Events – und dementsprechend brauchen wir auch mehr und mehr Zeit dafür. Wir können gar nicht anders und stressen uns selbst.

Wir glauben, dass viele Auswahlmöglichkeiten unser Glück steigern. Dabei hat die Steigerung von Möglichkeiten an sich keinen Wert, da die permanente Vermehrung von Optionen noch keinen Zugewinn an Freude bedeutet. Diese tritt erst dann ein, wenn wir unsere Wahlmöglichkeiten tatsächlich realisieren, indem wir die Bücher, die wir gekauft haben, auch lesen, eine der vielen Reisen, die im Internet angeboten werden, auch machen oder die neue Skiausrüstung intensiv nutzen. In Familien endet die Diskussion darüber, welche der vielen möglichen Aktivitäten am Wochenende gemacht werden soll, oft im Streit, weil jeder etwas anderes will. Dieser Streit eskaliert umso heftiger, je länger die dahinterliegenden Konflikte nicht kommuniziert wurden.

Hartmut Rosa sagt diesbezüglich: »In unserer Gesellschaft haben wir das Gefühl, frei zu sein. Keiner sagt uns, wie wir leben müssen, ob und wen wir heiraten müssen, was wir glauben sollen. Und doch sagen die meisten Menschen bei fast allem, was sie tun: Ich muss. Den ganzen Tag müssen wir. Wir sitzen fast alle in erbarmungslosen Hamsterrädern. Wir sind also gleichzeitig maximal frei und maximal unter Zwang. Und zugleich wollen wir uns so viele Optionen wie möglich offenhalten, wollen uns nie und nirgends festlegen.«[2] Denn wer sich festlegt, der könnte etwas noch Besseres versäumen. Diese Unentschlossenheit drückt sich in der Angst davor aus, stehen zu bleiben und so zurückzufallen. Wer sich an etwas festhält, ist nicht flexibel genug für unsere schnelllebige Gesellschaft. »Ambivalenz«, »Disruption« und »agiles Handeln« sind Begriffe, die nicht nur die Wirtschaft dominieren. Einfach formuliert: Das Motto »Nix ist fix« prägt Ehen, Partnerschaften,

Schulen, Freundschaften, Sozialsysteme und letztlich auch die Beziehungen zwischen Staaten.

Der US-Wissenschaftler Daniel Hamermesh hat einen paradoxen Zusammenhang entdeckt: Menschen leiden umso mehr unter knapper Zeit, je reicher sie sind. Eigentlich würde man genau das Gegenteil vermuten. Wenn wir Haushaltshilfen, Kindermädchen oder gar einen Chauffeur hätten, müsste unser Leben doch einfacher werden. Nie mehr anstellen, die Kinder zur Schule bringen, auf Handwerker warten oder in letzter Sekunde zum Supermarkt hetzen.

Jetzt könnte man annehmen, dass die Ursache für den größeren Zeitdruck, der die Reichen und Mächtigen im Vergleich zu den Normalbürgern plagt, darin liegt, dass diese viel mehr und härter arbeiten. Doch Hamermesh entlarvt diese scheinbar plausible Erklärung als Trugschluss. Die Wohlhabenden klagen nämlich auch dann über Zeitmangel, wenn sie gar keiner Erwerbsarbeit nachgehen. Kennen wir nicht die mehr als gut versorgte Ehefrau mit Kindermädchen, die sich trotzdem ständig über ihren Stress beschwert, oder den finanziell mit dem »goldenen Handschlag« verabschiedeten Exmanager, dem der Tag noch immer zu kurz ist?

Die Auflösung dieses Widerspruchs liegt ganz einfach darin, dass die Reichen viel mehr Möglichkeiten haben, ihre Wünsche zu verwirklichen. Nur wenige Bürger müssen sich den Kopf darüber zerbrechen, ob sie lieber die Geburtstagseinladung eines Freundes nach Nizza oder die Opernpremiere in New York wahrnehmen wollen.

Mit einem Mächtigen wollen sich viel mehr Menschen treffen als mit einem Arbeitslosen. Umgekehrt wird gerade dem Arbeitslosen, der so reich an Zeit ist, diese zur Last, weil er sich der gewohnten materiellen Möglichkeiten beraubt fühlt, noch schlimmer aber mit seinem Job oft auch seinen Selbstwert verloren hat. Das mag auch der Grund dafür sein, warum in einer Studie der Personalberatung Kienbaum Arbeitssuchende als einzige Gruppe das Gehalt und nicht die Work-Life-Balance am höchsten bei der Attraktivität von Unternehmen bewertet haben.

Die meisten Menschen verfügen im Vergleich zu ihren Vorfahren über mehr Möglichkeiten und haben daher weniger Zeit – und mehr Stress. Denken wir nur an den Zeitaufwand, um beim Kauf eines Mobiltelefons das beste Gerät mit dem schicksten Design beim günstigsten Netzbetreiber zum billigsten Preis zu finden, anschließend die Bedienungsanleitung zu lesen, das Zubehör auszuwählen und uns mit den zwangsläufigen Reparaturen herumzuschlagen. Wir wissen schon beim Kauf des neuesten Smartphones, dass wir damit nicht alt werden. Fazit: Zeitsparende Maschinen fressen unsere Zeit, je mehr wir uns ihnen widmen. Das Handy und wie wir damit umgehen, liegt (noch) in unserer Hand.

All das soll keine Verdammung unseres modernen Lebensstils sein, sondern zu der einfachen Erkenntnis zurückführen: Unser Stress entsteht nicht durch den Mangel an Zeit, sondern weil wir nicht bereit sind, auf etwas zu verzichten, schon gar nicht auf zusätzliche Optionen. So wird aus der Summe von einzelnen stressigen Tagen irgendwann ein gehetztes Leben, in dem wir zwar immer beschäftigt sind, aber nie Zeit haben. Unsere Gesellschaft ist großartig darin, ständig neue Bedürfnisse zu wecken. Viele von uns sind ganz schlecht darin, unsere eigenen Bedürfnisse noch zu spüren. Wie können wir die Vorteile einer Gesellschaft nutzen, die dem Einzelnen so viele Wahlmöglichkeiten bietet wie noch nie zuvor, ohne uns genau von diesen blockieren und erschöpfen zu lassen?

»Fügen Sie Ihrem Leben nichts hinzu,
ohne etwas wegzulassen.«

Diese kluge Regel stammt aus John Naisbitts Buch *Mind Set! Wie wir die Zukunft entschlüsseln*. Mindsets sind nach seinem Verständnis Fixsterne in unseren Köpfen, an denen sich unser Denken orientiert.

Naisbitt erzählt, dass das Mindset »Fügen Sie nichts hinzu, ohne etwas wegzulassen« ursprünglich auf James Conant, einen früheren Dekan der Bildungsfakultät der Harvard-Universität, zurückgeht. Um die Professoren daran zu hindern, den Lehrplan ständig mit neuen Inhalten aufzublähen, setzte er durch, dass ein neuer Kurs nur dann hinzugefügt werden durfte, wenn dafür ein anderer gestrichen wurde. Dieses einfache Prinzip lässt sich auch auf unser Leben anwenden. Gemeinsam mit dem zuvor beschriebenen Zauberwort »nein« ist es ein effektives Werkzeug gegen die selbst produzierte Erschöpfung durch die Last von immer mehr alten und neuen Aufgaben in unserem Leben.

Wann immer du eine neue Aufgabe übernehmen sollst oder willst, frage dich, welche du dafür aufgibst. Das ist im privaten Bereich leichter als im Beruf. In Unternehmen herrscht eine starke Tendenz, die Aufgaben von zwei Mitarbeitern einem zu übertragen. Wirklich gute Führungskräfte prüfen vor derartigen Reorganisationen immer alle Abläufe, um herauszufinden, welche Aufgaben man ersatzlos streichen könnte, bevor man die verbliebenen neu verteilt. Peter Drucker, der Pionier der modernen Managementlehre, hat postuliert: »Nichts ist unproduktiver, als Dinge effizienter zu machen, die nie getan werden sollten.« Auch diese Weisheit können wir auf das eigene Leben übertragen. Sie hilft dabei, uns von unnötigen Wünschen und Dingen zu trennen, die viel Energie kosten, die wir aber gar nicht brauchen.

Täuschung gehört im Tierreich zu den fundamentalen Überlebensstrategien. Wir Menschen sind die einzige Gattung, die nicht nur über die Fähigkeit verfügt, andere, sondern auch uns selbst zu täuschen. Der getäuschte Mensch ist ein unglücklicher Mensch. Verhalten ist veränderbar. Der erste Schritt ist, zu erkennen, was wir an uns verändern können und womit wir uns abfinden müssen. Wenn wir uns von falschen Erwartungen an andere und uns selbst verabschieden und den Irrglauben, dass uns mehr von allem glücklicher macht, aufgeben, dann können wir uns auf das konzentrieren, was wir gerne tun und gut können.

»Wir müssen bereit sein, uns von dem
Leben zu lösen, das wir geplant haben, um das
Leben führen zu können, das uns erwartet.«
Joseph Campbell

1 Diese Fallstudie stammt aus der MasterClass »Sales and Persuasion« von Dan Pink: www.masterclass.com.

2 Hartmut Rosa: Burnout entsteht nicht dadurch, dass man zu viel zu tun hat. In *Geo Wissen* 61. 2018.

Mythos: Erschöpfung kommt von Anstrengung.

Wahrheit: Fremdbestimmung und Sinnverlust sind die tieferen Ursachen für Erschöpfung.

Als 15-jähriger Handelsakademiker arbeitete ich als Ferialpraktikant beim Konsum, der damals größten österreichischen Lebensmittelhandelskette. Ich wurde der Obst- und Gemüseabteilung zugeteilt, mein unmittelbarer Chef hieß Hassan und war ein freundlicher junger Mann. Der Wechsel von der theoretischen Welt der Schule in die praktische eines Unternehmens fiel mir nicht leicht. Vor sechs Uhr in der Früh aus dem Bett zu kommen, um pünktlich mit Dienstantritt Kisten zu schleppen, der Kontakt mit teilweise seltsamen Kunden, den ganzen Tag in einem weißen Arbeitsmantel stehen, statt im Sessel den Vormittag in der Schule abzusitzen, fehlerfreies Kopfrechnen beim Abwiegen des Obsts und dergleichen stellten sich als ziemliche Herausforderungen dar. Ehrgeizig, wie ich war, sehnte ich mich trotzdem nach der Anerkennung durch die Kollegen und vor allem durch den Filialleiter.

Eine meiner Aufgaben war es, die Kisten mit dem alle drei Tage frisch gelieferten Obst und Gemüse sofort im Kühlhaus zu stapeln, während die Ware für den Kunden noch im Verkaufsbereich blieb, bis sie teilweise so vergammelt war, dass sie mein Chef heimlich mit mir im Mist entsorgte, was offiziell verboten war. Nach einer Woche hatte ich eine revolutionäre Idee. Euphorisch wagte ich mich in das Büro des Filialleiters, in das er sich fast den ganzen Tag zurückzog. »Was halten Sie davon, wenn ich das frische Obst und Gemüse, das wir geliefert bekommen, nicht ins Kühlhaus bringe, sondern wir es sofort den Kunden anbieten, statt zu warten, bis es leicht verwelkt ist?« Der Filialleiter blickte von seinen Unterlagen auf und antwortete mir kurz: »Sehr geehrter Kollege, kümmern Sie sich bitte um Ihre eigenen Aufgaben.« Ich sah täglich viele weitere Beispiele für mangelnde Kundenorientierung, die man schnell hätte ändern können. Der einzige unternehmerisch Denkende in der Filiale war mein Chef Hassan, der aber am untersten Ende der Hierarchie angesiedelt war. Selbst als 15-jähriger Handelsakademiker in einer abgelegenen Filiale erkannte ich, dass das mit dem Konsum nicht ewig gut gehen konnte.

Meine Zeit beim Konsum hat mir eindrücklich vor Augen geführt, was die Kombination aus Entfremdung und Sinnlosigkeit des eigenen Engagements bei Mitarbeitern auslösen kann. Einen Monat hält das ein junger Mensch aus, auf Dauer zerstört die gefühlte Sinnlosigkeit der eigenen Arbeit jedes Unternehmen. Zu meiner großen Überraschung dauerte es aber dann doch noch zwanzig Jahre, bis der Konsum im Jahr 1995 in Konkurs ging – der größte in der Nachkriegszeit in Österreich. Fast alle Vorstände wurden wegen fahrlässiger Krida verurteilt.

Sisyphos muss nicht scheitern.

Die Erkenntnis, dass Fremdbestimmung in der Arbeit Menschen stressen und letztlich erschöpfen kann, ist schon lange bekannt. Im Fall der Fließbandarbeit sind die Mitarbeiter in fast allen Dimensionen der Arbeit fremdbestimmt. Der Arbeitsbeginn, die Pausen und das Ende werden exakt durch Zeiterfassungssysteme vorgegeben, der Arbeitsrhythmus ist maschinengesteuert. Diese völlige Fremdbestimmung führt durch den Gewöhnungseffekt jedoch meist eher zur Apathie als zur Erschöpfung.

In der griechischen Mythologie ist unnütze Arbeit ohne Sinn eine der grausamsten Strafen. In seinem Buch *Der Mythos des Sisyphos* schreibt Albert Camus: »In Sisyphos, der die Sinnlosigkeit der Wiederholung zu ignorieren scheint und unbeirrt seinen Stein nach oben wälzt, erkennen wir uns als Menschen wieder. Sisyphos provoziert, weil er uns zu uns selbst befragt – warum wir uns immer wieder den Bedingungen der menschlichen Existenz beugen und den Stein nicht einfach unten liegen lassen.«

Eine Interpretation dieses Zitats in Zeiten der Krise könnte lauten: Menschen, die alles haben und trotzdem erschöpft und unglücklich sind, haben den ersten Gipfel mit Karriere, Geld und Status geschafft. Sie glauben, die beste Zeit läge bereits hinter ihnen und es ginge ohnehin nur mehr bergab. Es mangelt ihnen an Zielen und vor allem an Hoffnung. Dabei übersehen sie den Anstieg zum zweiten Berg, auf dessen Gipfel Werte wie Lebenssinn, Bestimmung und Gemeinschaft auf sie warten.[1] Im Gegensatz dazu scheut der ums wirtschaftliche Überleben ringende Unternehmer – gleich dem Sisyphos – nicht, die Anstrengung auf sich zu nehmen, um am Gipfel eine bessere Aussicht zu genießen und irgendwann ein besseres Leben auf der Hochebene zu erreichen. Was ihn mit Sisyphos verbindet, ist die Disziplin, was ihn unterscheidet, ist die realistische Möglichkeit, den Gipfel tatsächlich zu erklimmen.

Die folgende wahre Geschichte handelt von Menschen, die auf einer Hochebene leben und täglich ihren Weg zum Gipfel auf sich nehmen, ohne dass diese Anstrengung sie schafft.

Verena, eine Freundin von mir, hat mir von einer jungen Familie erzählt, die in dritter Generation einen Bergbauernhof mit siebzig Milchkühen bewirtschaftet. Sie haben zwei Kinder, von denen eines in der Volksschule mit schwerer Legasthenie zu kämpfen hat. Das verlangt tägliches stundenlanges Üben mit dem Kind. Obwohl ihr Leben unglaublich anstrengend ist, strahlt die Familie Fröhlichkeit und Lebensfreude aus. Jeden Tag stehen die Eltern sehr früh auf, um die Stallarbeit zu erledigen, die Kinder zu versorgen, die Felder zu bestellen. Dazu kommen unzählige Nebenarbeiten und dann abends nochmals die Stallarbeit von mindestens drei Stunden. Ihr Haus ist blitzsauber, die Mutter backt sogar dreimal wöchentlich einen Kuchen und lernt jeden Nachmittag mit ihrem Kind. Es gibt keinen Mangel an Sorgen um Geld, um die Ernte und wegen drohender Unwetter. Verena stellt sich oft die Frage: Warum sind diese Eltern nicht erschöpft und ausgebrannt? Und sie gibt sich auch selbst die Antwort: »Offenbar sind sie in ihrem Element, lieben ihre Kinder, ihre Arbeit und ihr Vieh. Was mich aber am meisten berührt hat: Sie sind so stolz auf ihre Arbeit, Kinder, Hof, Haus und auf alles, was sie erreicht haben. Sie fallen abends sehr wohl erschöpft ins Bett, aber zufrieden und stolz. Alle kennen ihre Rollen, die Aufgaben sind ganz klar verteilt, somit ist da auch kein Konfliktpotenzial. Mich inspiriert diese Familie, wann immer ich sie besuche.«

Starre Arbeitszeiten sind eine Zumutung.

Sie beschneiden unser Bedürfnis nach Selbstbestimmung. Reine Fließbandtätigkeit verliert, zumindest in den Industriestaaten, immer mehr an Bedeutung, weil sie kostengünstiger durch Roboter erledigt werden kann. Logistikzentren wie etwa jene von Amazon bauen aber noch immer auf den Prinzipien der fremdbestimmten Arbeit auf. Zahlenmäßig weit bedeutsamer als die Fließbandarbeit sind Botenfahrer, Servicekräfte in der Systemgastronomie, Lieferdienste, Reinigungs- und allgemeines Hilfspersonal. Menschen, die diese Jobs machen, tun das selten, weil sie sich nach Erfüllung in der Arbeit sehnen, sondern weil sie aufgrund ihrer Qualifikation wenig andere Möglichkeiten sehen, ihre Miete zu zahlen, ihre Kinder zu versorgen und ihren Lebensunterhalt zu bestreiten. An dieser Stelle geht es nicht um eine kritische Analyse der Marktwirtschaft, sondern um eine Frage: Warum gibt es genau in den gleichen Berufen freundliche und unfreundliche Kellner, Busfahrer, Verkäuferinnen, Botenfahrer, Wachtdienstmitarbeiter? Warum sinkt ein Teil von ihnen nach Dienstschluss völlig erschöpft vor den Fernseher, während andere noch genug Energie für ihre Kinder, Freunde und Freizeitaktivitäten haben?

Die Suche nach Antworten auf diese Fragen ist ein zentrales Thema, auf das du in diesem Buch immer wieder stoßen wirst. Das Muster, das diese zwei Typen von Menschen unterscheidet, ist ein Schlüssel zur Vermeidung von Erschöpfung.

Zwei kurze erste Hinweise vorab:

Es gibt individuelle Faktoren der Persönlichkeit wie Resilienz, eine grundsätzlich positive Lebenseinstellung und die Fähigkeit, selbst kleinste Bereiche der Selbstbestimmung und Freude in jeder Tätigkeit zu finden. Dem gegenüber stehen jene Menschen, die schon in stabilen Phasen ihres Lebens nur wenig Energie und Ambition besitzen. Die lassen sich dann durch stärkere Belastungen oder Krisen oft völlig fallen. Sie gehen gar nicht los, um einen Gipfel zu erreichen. Sie kapitulieren bereits vor dem ersten Anstieg vor der Herausforderung.

Die gelebten Werte von Organisationen und Unternehmen beeinflussen massiv die Einstellung der Mitarbeiter zu ihrer Arbeit. Wenn du zum Beispiel Verkäufer, Kellner, Bauarbeiter oder Reinigungskräfte bei ihrer Arbeit beobachtest, wirst du ganz schnell erkennen, ob sie Scherze miteinander machen, ein Lächeln in ihren Gesichtern zu sehen ist, wie der Vorgesetzte mit ihnen umgeht und wie sich das auf das Verhalten gegenüber den Kunden auswirkt. Erhalten Arbeitnehmer keine angemessene Rückmeldung auf ihre Arbeit oder sind sie völlig dem Diktat ihrer Vorgesetzten unterworfen, dann kann man von ihnen im besten Fall »Dienst nach Vorschrift« erwarten. Ihre Ideen und Energie werden sie stattdessen in ihre Freizeit und Familie stecken.

Presst man junge, ehrgeizige Rechtsanwälte oder Unternehmensberater in Systeme, die von ihnen bis zu siebzig Arbeitsstunden pro Woche verlangen, nur um zu testen, wie viel sie aushalten, verliert man oft gerade die besten. Die einen halten das zwar aus, wollen sich dem Druck aber nicht dauerhaft aussetzen. Die anderen sind nach einigen Jahren völlig ausgebrannt. Es mag sinnvoll sein, zukünftige Elitesoldaten wie die Marines in ihrer Ausbildung extremen Belastungen zu unterwerfen, um sie auf Kriegseinsätze vorzubereiten. Die Zeiten, in denen das Vokabular mancher Führungskräfte an Kriege erinnert hat, sollten ebenso wie Ratgeber à la *Machiavelli für Manager* jedoch vorbei sein.

Viele sorgen sich ständig um ihren Job, aber selten um ihr Leben.

Wir sollten aufhören, noch mehr von den falschen Dingen zu tun. Elisabeth, eine fünfzigjährige Angestellte, erzählt, wie viel Kraft das kostet: »Innerhalb eines Tages wurde mein Traumjob mit der spannenden Aufgabe, etwas Neues aufzubauen, zur Hölle aus Mobbing, Abwertung und permanenter Angst vor dem nächsten Rüffel. Der Grund dafür lag in enttäuschten privaten Erwartungen meines Chefs. Wenn man Hunderte Überstunden leistet und dann hört, dass man faul und unfähig ist, dann trifft das den Kern der Persönlichkeit und man beginnt, an sich selbst zu zweifeln. Ich habe das viel zu lange erduldet, aus einer eingebildeten Abhängigkeit vom Job, und vor allem wollte ich nicht zugeben, dass ich ein unerreichbar hochgestecktes Ziel nicht schaffen konnte. Irgendwann war dann der Punkt erreicht, wo ich unter Schlaflosigkeit und Erschöpfung litt und fast nichts mehr gegessen habe. Selbst wenn ich einmal privat am Abend ausging, wozu ich ohnehin meist zu fertig war, schaute ich ständig auf mein Smartphone, ob nicht gerade ein Kunde etwas von mir wollte. Der wirklich befreiende Moment war, als ich Nein gesagt und selbst gekündigt habe. Die ganze Angst vor dem Jobverlust, der schlechten Nachrede oder dem finanziellen Abstieg löste sich in Luft auf. Heute arbeite ich freiberuflich, setze mir meine Ziele selbst und bekomme viel Wertschätzung von meinen Kunden. Offensichtlich muss es sehr schmerzen, bevor man die Kraft zu dem Nein findet, manche schaffen das leider nie.«

Wer für seine Arbeit brennt,
landet selten im Burn-out-Stress.

Eine große Studie der Potsdamer Arbeitsgruppe untersuchte die Ursachen für das Frustrationspotenzial und die hohen Burn-out-Raten bei Lehrern.[2] Dabei wurden die Belastungen der Lehrer durch Stress mit jenen von Erziehern, Krankenpflegern, Strafvollzugsbeamten, Polizisten, Feuerwehrleuten und Jungunternehmern verglichen. Die Studie gelangte zu dem Ergebnis, dass bei Lehrern das krank machende Verhaltensmuster Stress und Burn-out am häufigsten auftritt. An zweiter Stelle kommen die Erzieher, die aber schon nur mehr halb so viel Stress empfinden. Es folgen Krankenpfleger, Strafvollzugsbeamte, Polizisten, Feuerwehrleute und Jungunternehmer. Also alles Berufe, denen man ebenfalls sehr belastende Tätigkeiten zuschreiben würde, deren Vertreter aber subjektiv im Vergleich zu den Lehrern deutlich weniger Stress empfinden. Jungunternehmer, die objektiv ein hohes existenzielles Risiko tragen, stehen auch unter starkem Stress. Sie sind allerdings von allen verglichenen Berufsgruppen am gesündesten und weisen das geringste Burn-out-Risiko auf. Das hängt damit zusammen, dass Jungunternehmer das höchste Maß an Sinnerfüllung und Selbstbestimmung erfahren. Diese beiden Werte sind offensichtlich der beste Schutz gegen Burn-out.

Eine der wichtigsten Erkenntnisse der Stressforschung lautet: Ob Menschen in einer bestimmten Situation Stress fühlen, hängt nicht davon ab, wie belastend dieser objektiv ist, sondern wie man ihn subjektiv wahrnimmt. Lehrer haben also nicht objektiv doppelt so viel Stress wie Polizisten oder Justizwachebeamte, sie empfinden das aber so. Dies erklärt auch das verblüffendste Ergebnis dieser Untersuchung: Mit 25 Prozent ist der Anteil der Burn-out-Gefährdeten bei Studierenden des Lehramts gleich hoch wie bei jenen Lehrern, die schon 35 Jahre im Beruf sind. Das heißt, der hohe Prozentsatz an Lehrern mit Burn-out rührt nur selten daher, dass gute Lehrer im Laufe ihrer Berufslaufbahn einfach »ausbrennen«, sondern kann darauf zurückgeführt werden, dass ein Viertel der Lehramtskandidaten bereits während ihres Studiums nie für den Beruf des Lehrers gebrannt hat, weil er nicht der richtige für sie war. Dieser Schluss wird auch damit bestätigt, dass sechzig Prozent jener Lehramtsstudenten, die »sich sehr unsicher waren, ob der Lehrerberuf der richtige Beruf für mich ist«, später tatsächlich im Burn-out landeten. Bei den Studierenden, die »sich sehr sicher bei der Wahl des Lehrerberufs waren«, sind es später indessen nur knapp über zehn Prozent, die tatsächlich ein Burn-out erleiden. Wer für seine Arbeit brennt, läuft offenbar seltener Gefahr, auszubrennen, als jene, die das nie getan haben.

Eine genauere Betrachtung des komplexen Burn-out-Syndroms zeigt, dass dieses sowohl durch zu viel als auch durch zu wenig Arbeit verursacht werden kann. Zu große andauernde Belastungen führen erst zur Überforderung und dann zur Angst. Zu geringe Herausforderungen münden in Unterforderung und Langeweile. Oft ist es ein schmaler Pfad, der die Überforderung von der Unterforderung trennt. Menschen, die viel freie Zeit, aber keine erfüllende Aufgabe haben, leiden eher unter Bore-out als unter Burn-out.[3] Sie wissen nichts mit sich anzufangen, spielen sich selbst und der Welt Überforderung vor, obwohl sie in Wahrheit unterfordert sind.

»Der Unbegabte berechnet seine Leistung
nach dem Grad seiner Erschöpfung.«

Günter Schneiderath
(niederrheinischer Aphoristiker)

Nicht Anstrengung führt zu Erschöpfung, sondern die gefühlte Sinnlosigkeit des eigenen Tuns.

Der US-amerikanische Psychologe Martin E. P. Seligman hat sich in seiner Forschung intensiv mit Depression beschäftigt und gemeinsam mit Mihaly Csikszentmihalyi die Theorie der »Positiven Psychologie« entwickelt. Die fünf Faktoren seines PERMA-Konzepts – die Buchstaben stehen für »Positive Emotion«, »Engagement«, »Relationships« (positive Beziehungen), »Meaning« (Sinn) und »Accomplishment« (Zielerreichung) – lassen sich auch gut als Kriterien für die Sinnerfüllung in der Arbeit heranziehen, wie hier genauer erläutert wird:

Positive Emotion: Das regelmäßige Erleben positiver Emotionen ist durchaus ein essenzieller Faktor für das Wohlbefinden von uns Menschen, aber eben nicht der wichtigste und schon gar nicht der einzige. Positive Emotionen wie Lust, Behaglichkeit oder Entspannung werden im Augenblick ihres Auftretens subjektiv genossen, sind allerdings wenig nachhaltig. Daher ist die Erwartung, dass Arbeit ständig Spaß machen soll, unrealistisch.

Engagement: Menschen können aufblühen, wenn sie ganz in einer für sie erfüllenden Tätigkeit wie zum Beispiel dem Klettern, Gärtnern, Forschen, Schreiben, Malen aufgehen oder sich für einen höheren Zweck engagieren, wie etwa eine Schule für Straßenkinder in Indien zu gründen. Im Gegensatz zum Vergnügen ist die Freude hier aber nicht im Augenblick erlebbar, da man ganz in der Aufgabe aufgeht, sondern erst im Rückblick, sobald man beispielsweise den

Gipfel bezwungen, ein neues Medikament entdeckt hat oder in die glücklichen Augen von Kindern in einer neu gegründeten Schule schaut. Mihaly Csikszentmihalyi hat darauf sein Flow-Konzept aufgebaut, das in diesem Buch noch ausführlich beleuchtet wird.

Positive Beziehungen: Wir brauchen erfüllende Familien-, Freundschafts- und Liebesbeziehungen, in denen wir Kraft und Freude erfahren können. Menschen, die sich mit anderen verbunden fühlen, sind glücklicher, gesünder und leben länger als isolierte Menschen.

Sinnerfüllung: Es kann nicht den einen Sinn für unser Leben geben, sondern dieser setzt sich aus Bausteinen zusammen, die sich im Lauf der Zeit immer wieder ändern können. So gibt es Zeiten im Leben, in denen die Arbeit eine hohe Priorität hat, und solche, in denen andere Themen an Relevanz gewinnen, zum Beispiel die Geburt eines Kindes. Im Alter wird die Bedeutung der Großzügigkeit gegenüber der nächsten Generation immer wichtiger für das Lebensglück.

Das Gefühl, den Sinn verloren zu haben, lässt sich nicht dadurch beseitigen, indem wir beginnen, den einen Sinn unseres Lebens wie einen verlorenen Schlüssel zu suchen. Jeder Versuch, den individuellen Sinn des eigenen Lebens auf einer abstrakten Ebene wiederentdecken zu wollen, führt nicht zum Sinn, sondern ins Absurde. Sinn ist immer eine konkrete Erfahrung, die eben nur über Beruf, Liebe, Familie, Kunst, Wissenschaft, Pflichten, Neigungen, Mitgefühl, Engagement und so weiter empfunden werden kann.

Der Sinn des Lebens ist das, was wir aus den vielen Möglichkeiten, die uns das Leben bietet, machen oder, wie Albert Camus es formuliert: »Die Antwort auf die Frage, ob sich das Leben lohne, hängt mehr an den nächsten Dingen als an den letzten.«

Zielerreichung: Erfolg, Leistung und Gewinnen sind für bestimmte Menschentypen sehr bedeutsam für das Lebensglück. Für sie entsteht Sinn durch das Setzen und Erreichen von immer neuen Zielen, selbst wenn ihnen diese Werte weder gute Gefühle im Augenblick verschaffen noch einen höheren Sinn erfüllen. Sein Leben zu riskieren, um bei starkem Regen ein Formel-1-Rennen zu gewinnen, dient keinem höheren Zweck, trotzdem kämpfen Hunderte Männer weltweit um einen Platz im Cockpit. In der Wirtschaft sind viele Manager und Unternehmer vom Willen angetrieben, alle Konkurrenten zu überflügeln, zu gewinnen um des Gewinnens willen, um sich damit als wirksam erleben zu können. Sie sehen oft nicht, dass sie mit dem Erreichen von quantitativen Quartalszielen zwar sich selbst, aber nicht ihre Mitarbeiter motivieren können. Auch unter sehr erfolgreichen Menschen gibt es solche, die wie Bill Gates oder Warren Buffett finanziell alles erreicht haben und später ihr Vermögen großzügig für philanthropische Projekte spenden, und andere, die sich »Grabmäler bauen« und hoffen, ihren Besitz mitnehmen zu können.

Doch Ziele allein reichen bei Weitem nicht aus. Wir brauchen eigene Wertvorstellungen, die uns in Krisenzeiten helfen, unserem Leben Halt zu geben. Zielsetzungen und eigene Wertvorstellungen haben ihrerseits nur Sinn, wenn sie von der Erfahrung getragen werden, dass man seine Geschicke auch selbst beeinflussen kann und nicht völlig willkürlich den Kräften anderer ausgeliefert ist. Deshalb wirkt sich Fremdbestimmung so negativ auf Menschen aus, wie Mihaly Csikszentmihalyi erklärt: »Die Ursache für die Entfremdung scheint in einem Mangel an Erlebnissen zu liegen, welche die eigene Kompetenz erweisen – in einem System, das völlig auf die effiziente Transformation physikalischer Energie ausgerichtet ist. Der Mangel an intrinsischen Belohnungen lähmt uns langsam, aber sicher, wie ein verborgenes Virus, das wir im Körper tragen.«[4]

So kann eine anstrengende und schlecht bezahlte Arbeit für eine Hilfsorganisation durchaus sinnstiftend sein, während eine sehr gut bezahlte Position in einem internationalen Konzern, der gesundheitsgefährdende Produkte vertreibt, zu Verdrängung und Abstumpfung führt. Andererseits gibt es auch NGOs, deren Kultur von Intrigen, Manipulation und Abwertung dominiert wird, und gewinnorientierte Unternehmen, die für Integrität und Verantwortlichkeit stehen.

Ob etwas Sinn in einem größeren Zusammenhang stiftet, können wir nicht immer im Augenblick beurteilen, sondern erst aus einer längerfristigen Perspektive, wenn wir zurückschauen. Wurde jemand von seinen Eltern als Kind gezwungen, Geige zu lernen, hat das zu Unlustgefühlen geführt und der Betroffene hat sofort damit aufgehört, als er selbstbestimmt leben konnte. Sollte er sich allerdings viele Jahre später in eine Geigerin verlieben, die ihm die Freude am Instrument vermittelt, so kann er mit ihr wunderschöne Stunden beim gemeinsamen Musizieren verbringen.

»Es sind nicht die Umstände, die den Menschen schaffen. Der Mensch ist es, der die Umstände schafft.«

Benjamin Disraeli

1 David Brooks: *The Second Mountain: The Quest for a Moral Life*. 2019. Random House.

2 Manfred Spitzer: *Medizin für die Bildung*. S. 210 ff. 2010. Spektrum Akademischer Verlag. Es wurden 16.753 Personen aus Deutschland, Österreich, Großbritannien, Russland und Polen untersucht.

3 Der Begriff »Bore-out« wurde von Peter Werder und Philippe Rothlin kreiert und in ihrem 2007 erschienenen Buch *Diagnose Boreout* zum ersten Mal einer breiten Öffentlichkeit präsentiert. Die Symptome wie Niedergeschlagenheit, Depressionen, Antriebs- und Schlaflosigkeit können ähnlich wie die des Burn-out-Syndroms sein.

4 Mihaly Csikszentmihalyi: *Das flow-Erlebnis*. S. 227. 1999. Klett-Cotta.

Mythos: Eine gute Work-Life-Balance schützt vor Erschöpfung.

Wahrheit: Wir haben nur ein ganzes Leben, das wir nicht zwanghaft mit der Stoppuhr in Arbeit und Freizeit trennen können.

Wir sind dann mal weg.

In den USA haben im Jahr 2021 mehr als dreißig Millionen Beschäftigte ihren Job von sich aus gekündigt. Eine Entwicklung, die sich 2022 fortsetzt.[1] »The Great Resignation«, meist als »die Große Zermürbung« übersetzt, ist in vielen Industriestaaten ein nicht zu leugnendes Faktum.

In Deutschland hat vor allem bei Frauen der extreme Stress deutlich zugenommen. Fast jede dritte Deutsche hat 2021 extremen Stress erlebt, bei den Männern nur jeder fünfte. Die Top-drei-Stressverursacher der Deutschen waren 2021 ihre Arbeit, ihre hohen Ansprüche an sich selbst und Erkrankungen von nahestehenden Personen. Frauen stellen insgesamt höhere Ansprüche an sich selbst als Männer, erleben mehr Konflikte und sind mehr Stress bei der Kinderbetreuung ausgesetzt.[2]

Viele Unternehmen verstehen nicht wirklich, warum ihre Mitarbeiter kündigen. Anstatt sich die Zeit zu nehmen, die wahren Ursachen dafür herauszufinden, flüchten sie sich in altbewährte Rezepte: höhere Gehälter und einmalige Bonuszahlungen, menschenwürdige Mitarbeiterunterkünfte im Tourismus oder großzügigere Freizeitregelungen. Das Resultat dieser materiellen Anreize ist überschaubar, weil für die Menschen durchschaubar. Die Unternehmensberatung McKinsey & Company hat die tieferen Gründe dafür untersucht: »Wenn uns die letzten 18 Monate etwas gelehrt haben, dann, dass sich die Mitarbeiter nach Investitionen in die menschlichen Aspekte der Arbeit sehnen. Die Mitarbeiter sind müde und viele traurig. Sie wollen einen erneuerten und geänderten Sinn in ihrer Arbeit. Sie wollen soziale und zwischenmenschliche Verbindungen zu ihren Kollegen und Vorgesetzten. Sie wollen ein Gefühl der gemeinsamen Identität spüren. Natürlich wollen sie gute Bezahlung, Sozialleistungen und Vergünstigungen, aber mehr als das wollen sie sich von ihren Organisationen geschätzt fühlen.«[3]

Die McKinsey-Analyse kommt zu folgendem Schluss: Die »Große Zermürbung« findet statt, sie ist weitverbreitet und wird wahrscheinlich bestehen bleiben, sich vielleicht sogar noch verstärken. Vor allem dann, wenn Unternehmen von falschen Annahmen ausgehen und daher kontraproduktiv reagieren.

So haben die Begründer der »Selbstbestimmungstheorie« (Self-Determination Theory, kurz SDT), Richard M. Ryan und Edward L. Deci von der Universität Rochester, herausgefunden, dass – entgegen der ursprünglichen Annahme – die Motivation für an sich interessante Tätigkeiten durch zusätzliche Anreize oder Belohnungen nicht nur nicht gesteigert wird, sondern im Gegenteil sogar zurückgeht. Es zeigte sich ein kontraproduktiver Korrumpierungseffekt.

Motivation hängt offenbar von der Befriedigung von drei psychologischen Grundbedürfnissen ab: empfundene Handlungskompetenz, Autonomie und soziale Eingebundenheit, womit auch die Identifikation mit dem Unternehmenszweck gemeint ist. Erst wenn Unternehmen diese tieferen Ursachen für die innere und die tatsächliche Kündigung erkennen und sich mehr auf die menschlichen Dimensionen von Arbeit konzentrieren, könnten sie sogar wieder attraktiver für Mitarbeiter werden.

Im Gegensatz zu vielen Prophezeiungen geht uns nicht die Arbeit aus, sondern es fehlen die Menschen, die bereit sind, die angebotenen Jobs auszuüben. Der israelische Historiker und Zukunftsdenker Yuval Noah Harari nimmt an, dass Menschen sich in Zukunft aufgrund des rapiden Fortschritts der künstlichen Intelligenz (AI) alle 15 Jahre neu erfinden müssen, um die beruflichen Herausforderungen bewältigen zu können. Um in diesem von vielen Menschen als permanenten Stress empfundenen Umfeld bestehen zu können, brauchen sie emotionale Stabilität und Charakterfähigkeiten, in Krisenzeiten vor allem Resilienz und Selbstdisziplin. Die bekannten Karrierewege und Berufsbilder wird es immer weniger geben. Mit dieser These werden sich in Zukunft Unternehmen genauso wie Mitarbeiter mit höchster Dringlichkeit auseinandersetzen müssen.

Arbeiten wir, um zu leben, oder leben wir, um zu arbeiten?

»Sei ruhig und ordentlich in deinem Leben, damit du wild und originell in deiner Arbeit sein kannst.«

Gustave Flaubert

Die Personalberatung Kienbaum untersuchte im Frühjahr 2022 die Faktoren, die Unternehmen besonders attraktiv für ihre Mitarbeiter machen. In fast allen befragten Gruppen – Männer und Frauen, Generation X, Y und Z, Pflichtschule oder Matura – stand die Work-Life-Balance an erster Stelle. Nur bei den Arbeitssuchenden war die Bezahlung das wichtigste Kriterium, während bei Akademikern der Gestaltungsfreiraum in ihrer Arbeit die höchste Priorität hatte.[4]

Arbeiten wir, um zu leben, oder leben wir, um zu arbeiten? Diese Frage kann gefährlich falsch sein. Wir haben nur ein Leben, das wir nicht zwanghaft mit der Stoppuhr in Arbeit und Freizeit trennen können. Mit allen Tricks erkämpfen sich manche Menschen immer mehr Freizeit, um immer weniger freie Zeit zu haben. Die Freizeit wird zum Götzen.

Wir brauchen eher mehr Muße. Muße ist die Möglichkeit, Zeit nach eigenem Wunsch zu nutzen. Daher ist sie nicht mit Freizeit gleichzusetzen, zumal gerade diese immer mehr von fremden Interessen oder törichten eigenen Entscheidungen bestimmt wird. Freizeit kann daher anstrengender als die Arbeit sein.

Rituale: Der zwanghafte Besuch bei ungeliebten Verwandten führt zu lähmender Langeweile und endet dann oft noch im Streit beim Heimfahren.

Kurzsichtigkeit: Jedes Jahr holen Hunderttausende am letzten Schultag vor den Sommerferien ihre Kinder von der Schule ab und machen sich auf der gleichen Strecke, auf der sie schon in den Jahren davor stundenlang im Stau gesteckt sind, auf den Weg in den geliebten Süden. Alle Alternativen, wie zum Beispiel zwei Tage später loszufahren oder eine alternative Route zu wählen, werden hartnäckig ignoriert.

Torheit: Einkaufen in einem Shoppingcenter am letzten Samstag vor Weihnachten gleicht einer Tour in bürgerkriegsähnliche Zustände auf den Parkplätzen.

Kurz gesagt: Freizeit kann uns erschöpfen.

Um Missverständnissen vorzubeugen: Die oft synonym mit dem Begriff »Work-Life-Balance« völlig zu Recht geforderte Vereinbarkeit von Beruf und Familie ist unbedingt notwendig in einer Gesellschaft, in der meist beide Elternteile arbeiten. Plötzlich erkrankte Kinder oder verunglückte Großeltern halten sich an keine strikten Arbeitszeiten und erfordern klare Prioritäten. In skandinavischen Ländern herrscht hier eine deutlich familienfreundlichere Kultur als bei uns. Dazu gehören umfassende Angebote von hochwertiger Kinderbetreuung bis ins kleinste Dorf und generell ganztägige Schulformen. Die Vorteile sind eindeutig. Die Zeiteinteilung von individuellem Lernen, Lehrvortrag, echtem Projektunterricht, Sport, Reisen und Exkursionen, selbstbestimmtem Lernen sowie Erholungs-,

Essens- und Reflexionszeiten wird vom Lehrkräfteteam in Absprache mit der Schulleitung autonom festgelegt.

Schon vor der Pandemie stellte das Thema der Betreuung der Hausaufgaben am Nachmittag durch die Eltern eine permanente Belastung für viele Familien, vor allem der Bildungsschicht, dar. In den bildungsfernen Elternhäusern konnte diese Unterstützung der Lernenden am Nachmittag dagegen selten geleistet werden und diese fielen in der Pandemie noch stärker in ihren Lernleistungen zurück.

Von flächendeckenden ganztägigen Schulformen sind Österreich und Deutschland Lichtjahre entfernt.[5] Abseits der politisch polarisierenden Diskussion zum Thema »Ganztagsschule« zeigt sich bei nüchterner Betrachtung, dass die Vereinbarkeit eines glücklichen Familienlebens mit Freude an der Arbeit erst durch einen massiven Ausbau der ganztägigen Schulformen realisierbar wäre.

Wer den Montag liebt, hat mehr vom Leben.

Wenn wir ständig zwischen den Anforderungen von Familie und Arbeit hin- und hergerissen werden, dann besteht die Gefahr, dass wir unsere Arbeit nur mehr als lästige Pflicht sehen, die wir so schnell wie möglich hinter uns zu bringen versuchen. Wir merken gar nicht, wie wir damit auf wesentliche Teile unserer Lebenszeit verzichten. Zählen wir die Stunden zusammen, die wir damit verbringen, etwas hinter uns zu bringen, machen diese oft sogar die Hälfte unseres Lebens aus.

Ein Beispiel dafür ist der von vielen Menschen ungeliebte Montag. Es lässt sich leicht ausrechnen, dass ein Siebentel unseres Lebens aus Montagen besteht. Daher spricht viel dafür, uns den Montag zum Freund und nicht zum Feind zu machen. Wir feiern den Beginn eines neuen Jahres ausgelassen und starten mit guten Vorsätzen hinein. Wer hindert uns daran, den Anfang einer neuen Woche ebenso freudig und mit guten Absichten zu begrüßen?

Ich habe Vorschläge von Freunden, Bekannten und Psychologen eingeholt, wie du diese Haltung konkret umsetzen kannst:

Plane für jeden Montag ganz bewusst ein Ereignis, das dir Freude macht. Eine Freundin hat mir erzählt, dass sie sich schon lange eine Aufführung des in der Stadt gastierenden Cirque du Soleil ansehen wollte. Als sie feststellte, dass es noch Karten für Samstag, Sonntag und Montag gab, entschied sie sich – eben deswegen – für den Montag. Sie bekam sogar noch die besten Karten. Der Montag ist in fast allen Kinos der Welt der am schlechtesten ausgelastete Tag. In Wien bilden sich am Montag oft lange Schlangen vor den Kinokassen. Warum? Weil die Wiener Kinos schon vor langer Zeit entschieden haben, den »Kino-Montag« mit reduzierten Preisen zu feiern.

Führe ein Montagstagebuch. Ich praktiziere seit vielen Jahren die »Drei-Seiten-Morgen-Übung«. Für die meisten Menschen ist es schwer, diese Methode täglich anzuwenden. Gerade der Montag würde sich dafür aber bestens eignen. Schreib jeden Montag möglichst unmittelbar nach dem Aufstehen drei Seiten handschriftlich in ein

A4-Heft. Beginne, einfach alles, was dir durch den Kopf geht, niederzuschreiben. Es handelt sich dabei um kein Tagebuch, in dem du Themen oder Erinnerungen festhältst, sondern um deine ungeordneten Gedanken, die dir durch den Kopf gehen: Triviales, Intimes, Zweifel, Hoffnungen, Träume, Ärger mit deinem Partner – bringe einfach alles möglichst ohne Unterbrechung zu Papier. Lasse es fließen, suche nicht nach Worten, stoppe nicht, um etwas zu analysieren. Wenn du fertig bist, dann sperre dein Montagstagebuch weg und lies es auch nicht durch. Die Herausforderung ist nur, diese Übung regelmäßig jeden Montag zu praktizieren. Wenn du das schaffst, wirst du verblüfft sein, wie wirksam diese Methode ist, um positiv gestimmt in die neue Woche zu gehen.

Mache dir ein kleines Montagsgeschenk. Wenn du dir etwas kaufen willst, schiebe es bewusst bis zum nächsten Montag auf. Das hilft dir zum einen beim Sparen, weil du bis dahin merkst, dass du es ohnedies vielleicht gar nicht brauchst, und macht deinen Montag gleichzeitig zu einem spannenden Shopping- und Wünsche-Erfüllen-Tag.

Ein Tipp für alle Selbstständigen: Antizyklisches Denken und Handeln am Montag sparen Geld und machen vieles einfacher. Flugportale zeigen, dass Flüge am Montag am teuersten sind, wofür es Gründe gibt, die nur die künstliche Intelligenz der Buchungscomputer kennt. Aber jedenfalls ist der Montag kein guter Tag, um zu buchen. Aus meiner Erfahrung als Unternehmensberater weiß ich, wichtige Kunden sind am Montag am schwierigsten zu erreichen, weil ihr Terminkalender mit Meetings und dringenden Telefonaten voll ist. Auch die Mailboxen der meisten Menschen quellen über. Montag ist der beste Tag, um strategisch zu planen, und der falsche, um oft schlecht gelaunte Menschen mit unseren Wünschen zu behelligen.

Humor hilft. Wenn Kollegen am Montag versuchen, dich mit ihrer schlechten Stimmung hinunterzuziehen, dann frage sie, ob sie unter dem »Robinson-Crusoe-Syndrom« leiden. Wenn sie dich dann fragen, was das sei, dann antwortest du ihnen: »Warten auf Freitag!« Wer den Witz nicht versteht, dem kannst du den berühmten Roman von Daniel Defoe empfehlen.

Die gute Nachricht: Den Montag als Freund zu haben, heißt, morgens aufzustehen und dankbar dafür zu sein, leben, atmen, denken, genießen, träumen, lieben und – ja auch – arbeiten zu dürfen. Hermann Hesse würde sagen: »Jedem Montag wohnt ein Zauber inne.«

Glaubt man Psychologen, dann ist der Sonntag weitaus bedrohlicher als der Montag. Die »Sonntagsdepression« überfällt vor allem Menschen, die genau dann, wenn die Arbeit Pause hat, auf sich selbst zurückgeworfen werden und Einsamkeit und Sinnlosigkeit ertragen müssen. Verstärkt wird dieses Phänomen im Herbst. Wenn draußen die ersten Blätter fallen und die letzten warmen Sonnenstrahlen trübem Wetter weichen müssen, sinkt bei vielen Menschen die Stimmung. Geht der Herbst dann in den Winter über, leiden Betroffene unter dem im Volksmund als »Winterdepression« bezeichneten Tief. Ein Grund dafür ist ein Defizit an Tageslicht. Die späten Sonnenaufgänge und der frühe Einbruch der Dämmerung bewirken eine Veränderung des Tag-Nacht-Rhythmus im Körper. Viele Berufstätige fahren im Winter in der Dunkelheit zur Arbeit und kehren erst in der Finsternis wieder nach Hause zurück. Die aktivierende und belebende Wirkung des Sonnenlichts fehlt im Winter nicht nur dem Gemüt, sondern auch dem Körper.

So vielschichtig die Symptome und Ausprägungen des Wintertiefs auch sind, eines haben sie mit der zuvor beschriebenen Abneigung gegen den Montag gemeinsam: Weder macht es Sinn, ein Siebentel des eigenen Lebens abzulehnen, weil der falsche Wochentag am Kalender steht, und noch weniger, gleich drei bis vier Monate einfach in schlechter Stimmung über sich ergehen zu lassen, weil die Jahreszeiten wechseln.

Wir haben zu jeder Jahreszeit und an jedem Wochentag die Möglichkeit, uns am Morgen die richtige Frage zu stellen: Warum könnte das heute ein besonderer Tag werden?

Die Müllmänner – eigentlich nix zu lachen, doch immer was zu lachen

Kann man in jeder Arbeit Freude finden? Ist das nicht nur wenigen Menschen in privilegierten Berufen möglich, die einfach das Glück hatten, dort zu landen, wo sie sich entfalten können? Der Dirigent und das Orchester erhalten oft minutenlangen Applaus für die vielen Stunden des täglichen Probens, aber auch für ihre Anstrengung, einer Komposition immer eine neue Dimension zu entlocken. Bei Ärzten fällt es uns ganz leicht, ehrliches Lob zu spenden, wenn sie uns von einer Krankheit geheilt oder gar mit einer Operation das Leben gerettet haben. Doch in wie vielen Berufen erhalten Menschen für ihre Bereitschaft, ihr Bestes zu geben, nie ein einziges Wort der Bestätigung, weder von ihren Vorgesetzten noch von ihren Kunden. Das folgende Beispiel zeigt, dass es Unternehmen auch in Branchen, die wenig Arbeitsfreude vermuten lassen, sehr wohl möglich ist, attraktiv für ihre Mitarbeiter zu sein.

Seit elf Jahren ist Karl G. Müllaufleger. Er holt Mülltonnen von der Straße, schleppt sie zum Müllwagen, entleert sie und stellt sie anschließend wieder in den Hauseingang zurück. »Wie überall ist es eine Einstellungssache, ob man seine Arbeit gerne macht oder weil man muss. Wenn mich Leute bedauern, weil es im Sommer so heiß oder im Winter manchmal richtig kalt ist, dann antworte ich immer, dass mich niemand gezwungen hat, in der Müllentsorgung zu arbeiten. Auch wenn das manche wundert, ich mache diese Arbeit gerne. Denn die Alternative wäre ein Job in einem Büro, ich schätze aber gerade, dass ich jeden Tag an der frischen Luft bin. Früher war ich als Verkäufer von neun Uhr in der Früh bis am Abend in einem geschlossenen Raum, damals war ich regelmäßig krank. Seitdem ich täglich in der Natur bin, geht es mir gesundheitlich wesentlich besser. Ich arbeite in einer schönen Gegend, wo die Menschen sehr freundlich zu uns sind. Wir sind im Team lustige Leute, da rennt der Schmäh ständig. Das trägt viel zur Arbeitsfreude bei.«

Alle Wiener kennen die Männer und Frauen der MA 48, die in ihren orangen Arbeitsanzügen dafür sorgen, dass Wien im Vergleich zu anderen Großstädten sehr sauber ist.[6] In den vergangenen zwanzig Jahren ist es gelungen, das Image der »Mistkübler«, wie sie ursprünglich in der Bevölkerung hießen, wesentlich zu verbessern. Die Arbeit der »48er«, wie sie jetzt genannt werden, wurde schon vor Corona geschätzt, während der Pandemie ist das aber noch deutlicher geworden. Leute standen am geöffneten Fenster und applaudierten. Andere sind auf die Straße gekommen und haben sich bedankt dafür, dass die Mitarbeiter trotz der schwierigen Verhältnisse verlässlich weitergearbeitet haben. Dieses direkte Feedback motiviert Karl G. besonders: »Wenn ich zum Beispiel einer älteren Dame dabei helfe, einen Sack mit Erde aus ihrem Auto auszuladen, und sie sich total nett bedankt. Manche schreiben sogar Briefe an die Zentrale. Wenn das dann zu uns kommt, dann ist das eine Bestätigung, dass wir unsere Sache gut machen. Kinder sind fast immer eine Quelle der Freude, die winken uns zu und wollen sogar Selfies mit uns.« Eine große Herausforderung liegt im frühen Dienstantritt. »Mein wichtigster Rat an neue Kollegen ist: ›Geht am Abend früh schlafen.‹ Denn der Wecker läutet bei den meisten um 4.30 Uhr, um den Dienstbeginn um sechs Uhr zu schaffen.« Wie belastend ist der üble Geruch des Mülls? »Manche gewöhnen sich daran, manche nie«, antwortet Karl G. trocken.

Der Anteil von Frauen in der MA 48 ist in den letzten Jahren signifikant angestiegen. Eva K. hat einen besonders verantwortungsvollen Job. Sie lenkt einen der riesigen MA-48-Müllwägen durch den Wiener Großstadtverkehr. Am Anfang kämpfte sie sehr mit dem Stress, unbewusst war immer die Angst vor einem Unfall da. Als Lenkerin eines Großfahrzeugs muss sie voll konzentriert auf den Verkehr vor sich achten. Kinder oder Tiere könnten plötzlich über die Straße laufen, im Rückspiegel gilt es, die Kollegen und die Mülltonnen im Auge zu behalten. Im Laufe der Jahre konnte sie das immer besser bewältigen. Sie hat sich mittlerweile ein hohes Grundvertrauen erarbeitet und geht davon aus, dass alles gut gehen wird: »Ich habe davor sehr schwierige Jobs gehabt und konnte mich immer verbessern, ich bin sehr dankbar, was ich erreicht habe. Die Arbeit macht mir Freude, ich möchte keinen Bürojob, wo ich nach der Arbeit die offenen Probleme nach Hause mitschleppen muss.« Was freut sie am meisten an ihrer Arbeit? Eva K.: »In meiner Freizeit pflege ich kranke Hunde. Daher freut es mich besonders, wenn mich die Hunde auf unserer Route erkennen und vor Freude bellen und sogar mit dem Schwanz wedeln.« Ihr wichtigster Tipp für junge Kolleginnen, die als Fahrzeuglenkerinnen bei der MA 48 anfangen: »Ruhig bleiben. Es gibt Autofahrer, die Stress machen und hupen, damit kann ich aber mittlerweile gut umgehen. Ich nehme nicht an, dass die persönlich auf mich böse sind, sondern auf den anonymen Müllwagen, der sie aufhält.«

Bemerkenswert an den Gesprächen mit den Mitarbeitern der MA 48 ist, dass sie sich grundsätzlich für eine positive Einstellung zu ihrer Arbeit entschieden haben. Reinhard Mey hat darüber sogar ein Lied geschrieben, den »Müllmänner-Blues«: »Und dir und mir, uns allen ging es besser, lernten wir nur ein kleines bisschen von den Frohnaturen von der Müllabfuhr, die bei der Arbeit, die sie machen – eigentlich nix zu lachen –, doch immer was zu lachen haben.«

Mehr Lebensqualität und Freiheit sind die Folge einer bewussten Entscheidung dafür.

Wie viele Beispiele kennst du in deinem Bekanntenkreis, die ohne äußeren Zwang durch ihre eigene Entscheidung aus ihrer vorgegebenen Laufbahn ausgebrochen sind, um etwas ganz anderes zu wagen? Wahrscheinlich sind es nicht viele, aber das, was diese Menschen gemeinsam haben, ist, dass sie es nie bereut haben und sich ihr ursprüngliches Leben heute gar nicht mehr vorstellen können. Sie haben es geschafft, für sich klare Entscheidungen zu treffen. Das hört sich mutig an – und ist es auch. Vor die Wahl gestellt, mehr freie Zeit für sich selbst und seine Familie oder mehr Wohlstand und damit scheinbar mehr Sicherheit zu haben, entscheiden sich nach wie vor die meisten Menschen für das Geld, und zwar unabhängig davon, wie viel sie schon haben. Das ist durchaus legitim, wenn es den eigenen Maßstäben entspricht.

Es wird immer Menschen geben, die völlig in ihrem Beruf, ihrem Schaffen, aufgehen, und andere, für die die Familie das Wichtigste ist. Wer aber nur seine Zeit absitzt und diszipliniert seine Aufgaben erledigt, dem bleibt am Ende nur diese Pflichterfüllung.

Gerade was unsere Arbeit betrifft, sollten wir uns rechtzeitig fragen:

Würden wir unseren Job auch machen, wenn wir nicht dafür bezahlt werden würden?

Was würden wir gerne tun, wenn wir finanziell völlig unabhängig wären?

Haben wir die notwendigen Voraussetzungen für das, was wir gerne tun würden, und gibt es ausreichend Nachfrage danach?

Sinnvolle Arbeit müsste kein knappes Gut sein. Der Kampf gegen Umweltbedrohungen, Krankheiten und Unwissenheit genauso wie das Suchen nach sozialen, künstlerischen und technischen Innovationen – es gibt wahrlich genug zu tun. Der französische Literaturnobelpreisträger Romain Rolland hat gesagt: »Das schlimmste Übel, an dem die Welt leidet, ist nicht die Stärke der Bösen, sondern die Schwäche der Guten.«

Lebenssinn entsteht dann, wenn wir einen wesentlichen Teil unserer Lebensenergie auf höhere Ziele ausrichten. Damit kommen wir dem näher, was Abraham Maslow »Selbstverwirklichung« genannt hat. Dieser Weg hat kein Ende, daher nimmt auch die Freude daran kein Ende. So werden wir auch jene zwanzig bis dreißig Jahre, die nach unserem Berufsleben vor uns liegen, besonders genießen können. Wir dürfen dann noch mehr Zeit mit jenen Aktivitäten verbringen, die unser Leben mit Sinn erfüllen. Zwei Qualitäten sind dafür erforderlich: Neugier und Disziplin. Neugier eröffnet uns den Weg zur Selbsterkenntnis und verlangsamt den Alterungsprozess. Disziplin hilft uns, voranzuschreiten, indem wir das Wesentliche vom Unwesentlichen zu trennen wissen. Als Lohn für die Anstrengung wartet etwas auf uns, das wir gerade in schwierigen Zeiten erst wiederentdecken müssen: die Schönheit des Lebens.

1 World Economic Forum: The Great Resignation is not over: A fifth of workers plan to quit in 2022. Bericht vom 24. Juni. 2022

2 Stressreport Deutschland 2021.

3 Aaron De Smet, Bonnie Dowling, Marino Mugayar-Baldocchi, Bill Schaninger. In *McKinsey Quarterly*. September 2021.

4 *trend*. S. 33. 29. Juli 2022.

5 Nationaler Bildungsbericht Österreich 2021: Im Schuljahr 2019/20 besuchten lediglich 23,7 Prozent der Schülerinnen und Schüler bis zur achten Schulstufe an wenigstens einem Tag der Woche die schulische Nachmittagsbetreuung.

6 Die Magistratsabteilung 48 ist in Wien für die Abfallwirtschaft und Straßenreinigung verantwortlich. Sie betreibt einen Fuhrpark, der auch für die Straßenreinigung zuständig ist.

Mythos: Die Jungen sind eine verlorene Generation.

Wahrheit: Die Jungen sind eine in ihren Lebenschancen völlig gespaltene Generation.

Der CEO eines Unternehmens entschied sich, als stiller Beobachter am Erstgespräch eines Bewerbers teilzunehmen. Nach der freundlichen Begrüßung durch die Personalchefin wollte diese mit der üblichen Einstiegsfrage »Warum wollen Sie bei uns arbeiten?« beginnen, worauf sie der junge Absolvent der Wirtschaftsuniversität unterbrach: »Bevor wir über die konkrete Position reden, möchte ich einige Fragen abklären, damit ich entscheiden kann, ob ich Ihr Unternehmen auf meine Shortlist aufnehmen kann.« Die wesentlichen Kriterien des jungen Mannes zielten auf eine Work-Life-Balance mit einer Dreißig-Stunden-Woche und der Möglichkeit, mindestens drei Tage pro Woche im Homeoffice arbeiten zu können, ab. Die Personalchefin nahm das mit stoischer Gelassenheit zur Kenntnis, während der prinzipiell nicht zu Gewalt neigende CEO den Raum schnell verließ, um nicht von Zweifeln geplagt zu werden, ob eine Watsche unter bestimmten Umständen nicht doch gesund sein könnte. Solltest du selbst ein über 45-jähriger Manager sein, wirst du wahrscheinlich Mitgefühl für den CEO und wenig Verständnis für den Bewerber aufbringen. Wenn du unter dreißig bist, könnte es genau umgekehrt sein.

Diese Geschichte hat mir Günther Tengel, der Geschäftsführer des Executive-Search-Unternehmens Amrop Jenewein, erzählt. Sie verdeutlicht, dass der Berufseinstieg in unserer Leistungsgesellschaft weder für Unternehmen noch für junge Bewerber einfacher wird. Das betrifft nicht nur geistige Berufe, sondern auch körperliche Tätigkeiten, wie sie in der Post, bei kommunalen Versorgern oder in Gewerbebetrieben noch immer vorherrschen. Waren dort Überstunden gerade bei jungen Mitarbeitern in der Vergangenheit heiß begehrt, weil gut bezahlt, sinkt die Bereitschaft dafür signifikant. Das mag damit zusammenhängen, dass klassische männliche Statussymbole wie schnelle Autos deutlich an Attraktivität verlieren und der Traum vom eigenen Haus im Grünen jungen Menschen ohnehin illusorisch erscheint. Als neue Währung für Status gilt dafür zum Beispiel Aufmerksamkeit in den sozialen Netzwerken, gemessen an der Anzahl der Likes oder Follower.

Nur nicht so wie meine Eltern

»Früher glaubte jede neue Generation, mit ihr fange die Welt an. Heute glaubt die neue Generation, mit ihr gehe sie zu Ende.«

Johannes Gross (Aphoristiker und Publizist)

Insbesondere hoch qualifizierte junge Menschen leiden eher unter zu vielen als zu wenigen Wahlmöglichkeiten bezüglich ihrer Lebenspläne. In einem sind sie sich allerdings sicher: So wie ihre Eltern wollen sie auf keinen Fall leben. Demgegenüber stehen junge Menschen, die keine Perspektiven für sich sehen können. Spätestens seit der Coronapandemie plagt sie die Ahnung, dass es das Leben nicht gut mit ihnen meinen könnte. Ist diese Generation tatsächlich verloren, wie viele Medien behaupten?

Zunächst sollte man daran erinnern, dass mit dem Begriff der »Verlorenen Generation« ursprünglich die jungen Deutschen, Franzosen und Engländer gemeint waren, die im Ersten Weltkrieg mit aufgepflanztem Bajonett in das gegnerische Maschinengewehrfeuer getrieben wurden. Jene, die diesen Schrecken überlebten, kehrten oft körperlich verstümmelt und seelisch erkrankt vom Krieg zurück und konnten nicht mehr ihren Platz im Leben finden. Nicht nur in Relation dazu erscheint heute die These einer verlorenen Generation aus drei Gründen verfehlt, ja gefährlich.

Erstens macht es wohl wenig Sinn, eine ganze Generation in ihrer Frustration zu bestärken. So sehr es Soziologen lieben, Generationen mit bestimmten Attributen zu klassifizieren, zeigt sich bei genauerer Betrachtung, dass es innerhalb einer Generation deutlich mehr durch Elternhaus, Peergroup und Bildungsniveau geprägte Unterschiede als Gemeinsamkeiten gibt. Die Mehrzahl der 68er-Generation waren weder Revolutionäre noch Hippies, die Yuppie-Generation bestand nicht nur aus materialistischen Karrieristen. Und ganz ehrlich, könntest du die genauen Unterschiede zwischen den Generationen X, Y und Z definieren, ohne auf Wikipedia nachzusehen? Unter den Digital Natives finden sich erstaunlich viele 15-jährige Schulabgänger, die mit Schreibprogrammen wie MS-Word nicht umgehen können, und sogar solche, die auf einem Computer die @-Taste nicht finden, weil sie noch nie eine E-Mail geschrieben haben, was spätestens bei Bewerbungsschreiben fatal ist. Dagegen existierte die sogenannte »Generation Praktikum«, also gut ausgebildete junge Menschen, die nie eine Festanstellung bekamen, laut AMS-Chef Johannes Kopf empirisch nie.

Zweitens besteht die Gefahr, dass wir damit eine sich selbst erfüllende Prophezeiung heraufbeschwören. Wenn ein Tennisspieler mit der Einstellung »Ich werde ohnehin verlieren« auf den Platz geht, dann wird er das mit Sicherheit auch. Gerade jene jungen Menschen, die noch über wenig Selbstwertgefühl verfügen, werden durch die Abqualifizierung als »verlorene Generation« in eine Opferrolle gedrängt.

Drittens zeigt sich, wenn wir die mittel- bis langfristige Perspektive dieser Generation betrachten, ein anderes, vielfältigeres Bild: Die überwiegende Mehrheit der heute 15- bis 25-Jährigen in Österreich und Deutschland ist im Durchschnitt deutlich besser ausgebildet als die Generationen davor, digital weitaus fitter und beherrscht Englisch auf einem höheren Niveau als ihre Eltern. In den Bildungsschichten können viele junge Menschen auf Sprachkursen oder sogar auf einem Studium im Ausland aufbauen. Um die jungen Start-up-Unternehmer und High Potentials brauchen wir uns ebenfalls keine Sorgen machen. Sie werden uns eher durch den Braindrain verloren gehen, wenn sie in ihrer Heimat zu wenig Chancen sehen.

Nach einer kurzen Phase der Depression konzentrieren sich viele junge Menschen weniger darauf, was derzeit geschieht, sondern beschäftigen sich damit, was in Zukunft passieren könnte. Diese Fähigkeit hat der legendäre Eishockeyspieler Wayne Gretzky in einem Satz auf den Punkt gebracht: »Ich laufe dorthin, wo der Puck sein wird, nicht dorthin, wo er war.«

Die gespaltene Generation

Ist die »verlorene Generation« daher nur ein medialer Mythos, der bald vergessen sein wird? Leider nicht. Denn die Lebenschancen dieser Generation teilt eine gewaltige Kluft, die durch Corona unbestritten noch größer geworden ist. Mindestens zwanzig Prozent dieser Generation ist tatsächlich gefährdet, verloren zu gehen. Das sind die jungen Menschen, die keine Unterstützung von ihren Eltern beim Lernen erwarten dürfen und in einem Umfeld ohne Bücher und Kulturangebote aufwachsen. Obwohl sie in Deutschland oder Österreich geboren wurden und hier einen Kindergarten besucht haben, beherrschen sie die deutsche Sprache am Beginn ihrer Schulzeit sehr schlecht und am Ende nicht gut genug, um sich für eine Lehrstelle oder eine höhere Schule zu qualifizieren.

Diese potenziellen Verlierer fühlen sich, verstärkt durch die Coronakrise, eingesperrt in einen Raum ohne Fenster und können eine andere, schönere Welt als die ihre gar nicht sehen. Manche empfinden sich selbst als Opfer, sie werden auch wie solche behandelt. Erst in der Schule und später in der Sozialbürokratie werden sie als »Sozialfall« gesehen, der in Österreich »mindestgesichert« beziehungsweise in Deutschland »verhartztet« werden muss. So gut diese Unterstützungssysteme vom Prinzip her sind, bestätigen sie immer die Opferrolle. Betroffene Menschen erfahren sich als wertlos und ihre Existenz als sinnlos. Wie geht es einem jungen Menschen, der immer alles dunkelgrau sieht?

Diejenigen, die dem entrinnen können, landen meist in wenig erfüllenden, dafür wechselnden Jobs als Security, Aushilfen, Reinigungskraft, Küchenhilfen oder Botenfahrer. Bisher hatten Minderqualifizierte trotz schlechter Ausgangsvoraussetzungen zumindest genug Möglichkeiten, einen Job zu finden, um ihr Leben zu bestreiten. Das ändert sich gerade dramatisch. So sehr der Mangel an qualifizierten Fachkräften beklagt wird, den Amtsgehilfen im Ministerium oder den ungelernten Arbeiter in der Fabrik wird es nicht mehr lange geben. Das Arbeitslosigkeitsrisiko für Pflichtschulabsolventen betrug für den Jahrgang 2008/09 noch 48,7 Prozent und steigerte sich zehn Jahre später auf 64,3 Prozent. Dagegen ging das Risiko, arbeitslos zu werden, für junge Menschen mit einer abgeschlossenen Ausbildung im Zehnjahresvergleich zurück.[1]

Dabei sind sich die Experten einig, welche Maßnahme die mit Abstand größte Wirkung hätte, damit junge Menschen dem Teufelskreis schwierigster sozialer Startvoraussetzungen entkommen können: pädagogisch hochwertige Kindergärten ab dem dritten Lebensjahr. Die Fakten, die das empirisch bestätigen, sind eindeutig. Dass die Erreichung dieses Ziels sowohl in Deutschland als auch in Österreich seit Jahrzehnten am kleinkarierten Kompetenzstreit zwischen Bund, Ländern und Gemeinden scheitert, ist eine politische Todsünde.

Wir haben keine verlorene, sondern eine tief gespaltene Generation. Das gefährliche Problem ist die Kluft zwischen den Bildungsschichten, die schon vor Corona manifest war und sich ständig weiter vergrößert. Nun waren die Lebenschancen in Deutschland und Österreich immer ungleich verteilt. Die auch im internationalen Vergleich hohe Vererbbarkeit von Bildung wird zu Recht von der OECD kritisiert. Die einfache Frage »Sage mir deinen Wohnort und den Beruf deiner Eltern und ich sage dir, welchen Bildungsabschluss du erreichen wirst« erlaubt leider treffsichere Prognosen über die Lebenswege junger Menschen. Nicht nur Bildung wird vererbt, sondern auch Geld und Immobilien. Viele junge Menschen werden nicht in wohlbehütete und finanziell gut abgesicherte Verhältnisse hineingeboren. Sie wissen, dass sie keine Wohnungen oder Erbschaften zu erwarten haben. Die größte Spaltung innerhalb der gleichen Generation droht aber durch ihre völlig unterschiedliche Gesundheitserwartung.

Übergewicht – die unterschätzte Lebensgefahr junger Menschen

Die permanenten Warnungen vor den Gefahren von Social Media und dem exzessiven Gebrauch des Handys stehen in keiner Relation zur tatsächlichen größten Bedrohung für das Leben junger Menschen: Übergewicht kombiniert mit Bewegungsmangel.

Vor allem bildungsferne Familien suchten in der Pandemie nach etwas, das ihnen schnelle Befriedigung verschaffte. Sie entdeckten eine verlockende Lösung: die Gier nach immer mehr süßem und billigem Essen. In der Isolation zu Hause wurden Unmengen an zuckerhaltigen Getränken, Fast Food und Tiefkühlkost konsumiert, und das noch in Kombination mit Bewegungsmangel. Die ohnehin schon übergewichtigen Kinder wurden dadurch schwer adipös – mit erschreckenden Folgen.[2]

Kardiologen berichten von Kindern, die in der Nacht an Geräte angeschlossen werden müssen, weil sonst die Gefahr bestünde, dass ihr verfettetes Herz einfach zu schlagen aufhört. Sechsjährige mit zehn Kilogramm Übergewicht können nicht mehr Stiegen steigen und Achtjährige erleiden Bandscheibenvorfälle. Kinder kämpfen selbst beim Gehen nach kurzer Zeit mit Atemproblemen. Psychologisch reagieren leider viele Betroffene mit der erlernten Hilflosigkeit, wie zum Beispiel »Unsere Familie ist immer ein bisschen ›kräftiger‹ gewesen«. Diese Bagatellisierung verleugnet die gesundheitlichen Gefahren für Kinder und Eltern.

Das politisch korrekte Schönreden von extremem Übergewicht verharmlost die Lebensgefahr, die damit verbunden ist. Das betrifft nicht nur die westlichen Industrieländer. Weltweit sterben mehr Menschen an den Folgen von Übergewicht als an Hunger.

Warum Kinder- und Jugendtherapeuten völlig ausgelastet sind

Durch die Pandemie kippten auch Kinder aus funktionierenden Familien, die vorher nicht unter Depression oder Erschöpfung litten, in schwere Krisen. Sie fühlten sich alleingelassen, die Ängste ihrer Eltern übertrugen sich auf sie, dazu kam die Panik, das Schuljahr nicht zu schaffen. Dazu ein Beispiel aus einer psychologischen Praxis:

Xenia, 14 Jahre alt, war bis vor Corona eine durchschnittlich gute Schülerin, die nie Schulprobleme hatte. Die Eltern lebten zwar getrennt, aber kümmerten sich in gutem Einvernehmen um ihr Kind. In der Pandemie konnte Xenia immer schlechter schlafen, begann, Stimmen zu hören und sich bis zur Blutvergiftung mit der Nagelschere in die Oberschenkel zu ritzen. Sie fühlte sich zerrissen zwischen Hilflosigkeit und dem Wunsch, etwas zu verändern. Wenn die Mutter um sechs Uhr in der Früh aufstand, lag Xenia noch immer wach im zerwühlten Bett. Wie viele andere Kinder litt sie darunter, ihre Freundinnen nicht treffen zu können und am Abend zu Hause eingesperrt zu sein. Dazu kamen massive Schulprobleme, weil sie mit dem Homeschooling über den Computer nicht zurechtkam. Trotz Anstrengung konnte sie aus ihrer Sicht die Erwartungen ihrer Eltern nicht erfüllen, irgendwann gab sie resigniert auf. Da sie mit der körperlichen Erschöpfung durch den Schlafmangel und mit der unsicheren Zukunft nicht umgehen konnte, äußerte sie gegenüber ihrer Therapeutin den Wunsch, am liebsten ganz betäubt zu werden und erst wieder aufzuwachen, wenn die furchtbare Zeit vorbei ist. Alles, was vorher schön war in ihrem Leben – Freundeskreis, Hobbys, gute Noten –, war weg. Nichts von dem, was übrig geblieben war, verschaffte Freude. Xenia empfand, dass ihr die Kontrolle über alle Bereiche ihres Lebens entglitten war.

In der Psychologie nennt man dieses Phänomen »erlernte Hilflosigkeit«. Egal was man tut, man ist den Umständen ausgeliefert. Erlernte Hilflosigkeit ist die aufgrund von negativen Erfahrungen entwickelte Überzeugung, die Fähigkeit zur Veränderung der eigenen Lebenssituation verloren zu haben und für diesen Zustand selbst verantwortlich zu sein. Der Begriff wurde von den US-amerikanischen Psychologen Martin E. P. Seligman und Steven F. Maier geprägt.[3]

Als ersten Schritt aus dieser Falle empfehlen Therapeuten die Frage: »Was hat sich denn verändert, was war vorher gut und ist jetzt unerträglich?« Eltern sollten ihre Kinder, die an ähnlichen Symptomen wie Xenia leiden, vor allem dabei unterstützen, ihre Selbstermächtigung wiederzuerlangen. Das Viktor Frankl Zentrum in Wien bietet Jugendlichen kompakte Seminare an, in denen sie diese Kompetenzen erlernen können. Kinder können dann für sich erkennen, dass sie ganz unabhängig davon, was in der Welt um sie passiert, selbst entscheiden können, ob sie traurig oder fröhlich sind. Sie bestimmen, ob und wovor sie Angst haben. Hilfreich sind auch einfache Rituale. Kinder stellen sich dann vor, wie sie ihre Angst in eine Kiste sperren: »Meine Angst ist da, ich verdränge sie nicht, aber ich packe sie in die Kiste, mache den Deckel zu und für zwei Stunden bleibt die Angst dort, weil ich das so bestimme.«

Den jungen Leuten geht's zu gut, sie kennen keine Härte.[4]

»Die Jugend achtet das Alter nicht mehr, zeigt bewusst ein ungepflegtes Aussehen, sinnt auf Umsturz, zeigt keine Lernbereitschaft und ist ablehnend gegen übernommene Werte.«

Das Zitat stammt von einer Tontafel der Sumerer und wurde etwa 3.000 vor Christus geschrieben. Die Sorge um die Jugend ist offenbar nicht ganz neu. Auch wenn man aus den beschriebenen Gründen nicht ganze Generationen etikettieren sollte, herrscht heute tatsächlich oft Verständnislosigkeit zwischen den digital affinen Jungen und den Älteren. Die einen sind mit den Werten der »alten Schule« wie Höflichkeit, Pünktlichkeit, Verlässlichkeit und Leistungsdenken aufgewachsen, die anderen leben in einer Welt der ständigen Veränderung, des Ausprobierens ohne fixen Lebensplan, des Stresses der vielen Möglichkeiten und der Gefahr des Verlorengehens in den virtuellen Welten. Es fehlen oft die Brücken und die Andockpunkte zwischen den Generationen.

Wie in der Eingangsgeschichte geschildert können Personalchefs Seltsames berichten. Der Softwareentwickler, der nur bei Schlechtwetter arbeiten möchte, weil er bei schönem Wetter Sport treiben will. Ein Werbeunternehmer erzählt von einem jungen Grafiker in seiner Agentur, der ihn um ein Gespräch ersucht hat. Der Unternehmer eröffnete mit der Vermutung, dass der junge Mann sich wohl eine Gehaltserhöhung wünschte. »Nein, ich will nicht mehr Geld, ich will nur meine Arbeitszeit auf dreißig Stunden pro Woche reduzieren«, antwortete der Grafiker beruhigend. Der Unternehmer versuchte, ihm zu vermitteln, dass er dann sein Gehalt entsprechend kürzen müsste. »Wieso? Ich will ja nur gleich viel verdienen, ich koste Sie doch gar nicht mehr als bisher.« Es entwickelte sich ein für beide zermürbendes Gespräch, in dem der Arbeitgeber versuchte, seinem Mitarbeiter begreiflich zu machen, dass er, wenn dieser kürzer arbeitete, dessen unerledigte Arbeit einem anderen geben und diesen auch dafür bezahlen müsste.

Da qualifizierte Arbeitskräfte knapp sind, sehen sich Unternehmen einem Wettbewerb nach dem Motto »Wer bietet mehr freie Zeit« ausgesetzt. Besonders populär ist die Viertagewoche, vor allem bei jungen Menschen, die dadurch auch der Teilzeitfalle besser entkommen können. Vier Tage arbeiten, Donnerstag ab 17 Uhr Feierabend und dann drei Tage frei verfügbare Zeit, um Freunde zu treffen, für Familienaktivitäten, für Sport oder einfach zur Erholung, hört sich auf den ersten Blick gut an. Was gerne übersehen wird: In der Viertagewoche wird im Normalfall nicht weniger gearbeitet, sondern aus dem Acht-Stunden-Arbeitstag wird dann ein Zehn-Stunden-Arbeitstag, was vor allem bei Tätigkeiten, die eine hohe Konzentration erfordern, schwierig ist. Der organisatorische Aufwand ist zusätzlich stark branchenabhängig. Viele Mitarbeiter wählen den Freitag als freien Tag. Für Unternehmen oder Organisationen, die Service an sieben Tagen anbieten müssen, wird das fast unlösbar.

Start-up-Unternehmen, die sehr stark von jungen Menschen geprägt sind, tun sich viel leichter mit extrem flexiblen Arbeitszeitmodellen, zumindest solange das Geschäftsmodell funktioniert. Das gehypte Krypto-Unternehmen Bitpanda gewann viele hoch qualifizierte Arbeitnehmer mit dem Versprechen von unbegrenztem Urlaub und zwanzig Wochen bezahlter Elternzeit. Nach dem Absturz des Bitcoin-Markts musste das Unternehmen einem Drittel seiner Mitarbeiter kündigen. Viele davon hatten gerade erst angefangen.

Zwei Annahmen, die hinter dem verständlichen Wunsch vieler junger Menschen stecken, weniger Arbeitsstunden und dafür mehr frei verfügbare Zeit für sich zu fordern, könnten sich als problematisch erweisen:

Wer Arbeit erstens generell als Belastung, als notwendiges Übel, sieht, der möchte logischerweise möglichst wenig davon. Dabei werden die »vier S« übersehen, die Arbeit auch bedeuten kann: Selbstverwirklichung, Selbstbestätigung, Sozialisierung und Spaß. Jeder Mensch braucht eine Aufgabe, Erfolg, zwischenmenschliche Kontakte und Freude. Je weniger man arbeitet, desto weniger kann man sich in seinen Fähigkeiten weiterentwickeln und umso weniger Erfolge wird man, zumindest beruflich, verzeichnen. Das mag im Augenblick angenehm wirken, aber wie sieht das langfristig aus?

Die zweite Fehleinschätzung ist eine gefährliche Wette auf die Zukunft. Derzeit wächst die Wirtschaft trotz aller Krisen weiter, es herrscht ein Mangel an qualifizierten Arbeitskräften. Jeder, der nur über ein Mindestmaß an Kompetenz verfügt, kann sich den Job aussuchen und Bedingungen stellen. Was aber, wenn sich das aktuelle wirtschaftliche Gefüge in den nächsten zehn, vielleicht sogar fünf Jahren ändert? Wie viele Branchen werden durch die sprunghafte Zunahme der künstlichen Intelligenz in ihren Grundfesten erschüttert werden? Wie wettbewerbsfähig wird das satte Europa gegenüber dem hungrigen China und der noch immer führenden Technologienation USA sein? Ist es völlig undenkbar, dass sich Unternehmen irgendwann wieder die am besten qualifizierten Mitarbeiter aussuchen können? Was bedeutet es für unsere Gesellschaft, wenn nur mehr jener Teil der Mittelschicht, der sich verbessern oder zumindest nicht abstürzen will, bereit ist, mit vollem Einsatz zu arbeiten?

Die Generation der Beschützten – Mama und Papa werden es schon richten.

Die Kinderpsychiaterin Martina Leibovici-Mühlberger beschreibt in ihrem Buch *Wenn die Tyrannenkinder erwachsen werden*[5] eine Generation, die nie wirklich gefordert, der alles abgenommen wurde, die sich nie durchbeißen musste. Das Tyrannenkind ist das vernachlässigte Kind, das alles bekommen soll, bei dem in frühesten Jahren eine verheerende Fahndung nach einzigartigen Talenten einsetzt, bevor Talente überhaupt entwickelt und erkennbar sein könnten. Sie erhalten keine Orientierung und erleben eine Erziehungsverweigerung der Eltern. Die Frage »Was willst denn du?« kommt in einer viel zu frühen Phase, um sich nicht den Unmut ihrer Kinder zuzuziehen und sich der Illusion der gelungenen Elternschaft hingeben zu können.

Wird Kindern nie etwas abgeschlagen, dann wird dieser Erziehungsstil zum Boomerang. Die Kinder dürfen dann in der Schule nicht versagen. Und falls sie doch scheitern, dann sollen sie es zumindest nicht merken. Pointiert könnte man sagen: Wenn der Sohn heute mit einem »Nicht genügend« nach Hause kommt, dann darf man nicht mehr sagen: »Das kommt davon, weil du nichts gelernt hast«, sondern: »Mein lieber Sohn, warum haben wir uns für ein ›Nicht genügend‹ entschieden?«

Ob wir eher fremden Mächten oder uns selbst die Verantwortung für das eigene Leben zuschreiben, ist laut der deutschen Persönlichkeitspsychologin Eva Asselmann das Resultat von genetischen und Umweltfaktoren, allen voran den Erfahrungen in der Kindheit: »Überfürsorgliche Helikopter-Eltern, die ihren Kindern alle Entscheidungen abnehmen, etwa signalisieren, dass die Welt unsicher ist, und sabotieren die Idee, dass sie diese mitgestalten können. Mehr Selbstverantwortung schon in jungen Jahren führe später auch eher zum Gefühl, das Leben »im Griff zu haben«. Die gute Nachricht: Die Persönlichkeit entwickelt sich zeitlebens weiter. Zum einen einfach aufgrund der unterschiedlichen Herausforderungen, die die Lebensabschnitte stellen – Jugendliche fühlen sich tendenziell weniger selbstgesteuert, junge Erwachsene, die in den Beruf einsteigen und Familien gründen, am stärksten, im Alter sinkt das Autonomiegefühl durch Krankheiten et cetera wieder ab. Zum anderen gebe es aber auch Techniken, um am Gefühl der Selbstkontrolle – und damit von Glück – zu arbeiten.«[6]

Wir erhalten bei unserer Geburt leider keine Gebrauchsanleitung dafür, sinnvoll mit unserem Leben umzugehen. Wir können diese Fertigkeit aber lernen, indem wir erkennen, wie oft es die Umwege, die Niederlagen, die Wege, vor denen wir die größte Angst hatten, waren, die zu unseren größten Erfolgen geführt haben. Das Streben nach Erfolg ist nichts Schlechtes, solange es unsere eigene Vorstellung von Erfolg ist. Prosaisch ausgedrückt: Wer sich selbst nicht für super hält, der wird kein Superheld.

1 Bericht »Arbeitsmarkt und Bildung« des AMS mit Zahlen der Statistik Austria.

2 Unter Adipositas versteht man ein krank machendes, deutlich erhöhtes Übergewicht. Ab einem BMI von über 30 kg/m² gilt man als adipös. Der Anteil der Adipösen unter den Übergewichtigen in Deutschland liegt bei etwa einem Viertel.

3 Eine umfassende Darstellung dieses Konzepts würde an dieser Stelle den Rahmen sprengen. Interessierten sei die im Web kostenlos verfügbare wissenschaftliche Publikation *Learned Helplessness at Fifty: Insights From Neuroscience* von Steven F. Maier und Martin E. P. Seligman empfohlen. In American Psychological Association. 2016.

4 Das Zitat ist eine Textzeile aus dem Lied »Zwickt's mi ...« von Wolfgang Ambros. Er löst das dann allerdings anders auf, als sich manche, die sich endlich verstanden fühlen, erwarten: »Den jungen Leuten geht's zu gut, sie kennen kaane Härte. So reden die, die immer nur kuschen, geldgierig, bestechlich san. Noch 'n Skandal dann pensioniert werdn, kurz a echtes Vorbild san.«

5 Martina Leibovici-Mühlberger: *Wenn die Tyrannenkinder erwachsen werden: Warum wir nicht auf die nächste Generation zählen können.* 2016. edition a.

6 Persönlichkeitspsychologin Eva Asselmann in Science.ORF.at. 5. August 2022.

Mythos: Unsere rasende Zeit erschöpft und ängstigt uns.

Wahrheit: Den Typus des erschöpften und von Ängsten geplagten Menschen gibt es schon viel länger.

»Was schreiben aber die Deutschen? Was jeder von selbst weiß: ›Ich bin hier und trinke‹, ›Ich komme morgen‹, ›der Wagen fährt‹, ›das Essen schmeckt‹. Oder sie schicken Bilder, wie sie ein Trinkgefäß vor sich halten und ein dummes Gesicht machen. Oder sie schreiben wegen Geld. Ich will so sagen: Alles, was sie tun, und alles, was bewegt wird, schreiben sie noch mal.«

Mit etwas Fantasie kann man in diesen Zustandsbeschreibungen unser Zeitalter der sozialen Medien erkennen. Das Posten der immer gleichen Bilder des eigenen Essens auf Instagram und die ständige Kommunikation der Banalitäten des Alltags. Das Zitat ist allerdings fast genau vor hundert Jahren erstmals publiziert worden. In dem 1921 erschienenen satirischen Roman *Die Forschungsreise des Afrikaners Lukanga Mukara ins innerste Deutschland*[1] des Kolonialoffiziers Hans Paasche begibt sich der fiktive Afrikaner Lukanga Mukara auf Erkundungsmission durch das wilhelminische Deutschland, um seinem Herrscher über die seltsamen Sitten der »Wasungu«, so nennt er die Deutschen, in Briefen zu berichten. Der Roman löste heftige Debatten aus, viele Deutsche hielten ihn für authentisch.

Dabei war er eine gelungene Parodie auf die damals inflationär erscheinenden Berichte von Expeditionen aus Ländern der westlichen Zivilisation zu den sogenannten Naturvölkern. Heute beobachten wir nicht mehr ferne Völker, sondern bespiegeln uns ständig selbst. Täglich erscheinen mehr oder weniger seriöse Analysen und Kommentare über den Stress, den die sozialen Medien, der technologische Fortschritt, der Wettbewerbsdruck, der Konsumzwang, der Drang zur Selbstoptimierung, die Doppel- und Dreifachbelastungen und vieles mehr beim Menschen des 21. Jahrhunderts verursachen.

Fragt man Menschen zum Thema »Erschöpfung«, beginnen die meisten sofort, über ihre eigene Erfahrung zu sprechen. Das Thema stößt ohne jede nähere Erklärung auf starke Resonanz, wenngleich die meisten völlig unterschiedliche Dinge damit verbinden. Die Erschöpfung wird jedenfalls als hochaktuelles Phänomen unserer Zeit verstanden. Wie der satirische Roman von Hans Paasche beweist, beschäftigt das Thema der Folgen einer sich immer mehr beschleunigenden Welt die Menschen in Wahrheit schon viel länger. Hier noch ein Zitat aus seinem Buch: »Sie sehen nicht, dass sie sich im Kreise drehen, dass sie nichts tun, als durcheinanderwerfen, was auf oder in der Erde ist, und dass sie die Schönheit und den Reichtum der Erde zerstören. Dabei haben sie einen Wetteifer gegeneinander. Nicht nur einzelne Menschen, auch Menschen ganzer Gegenden und Völker wetteifern, wer von ihnen mehr Unsinniges tut, mehr Schätze zerstört, mehr hin und her rast. Sie nennen das Leben.«

Richtig »populär« wurde die Erschöpfung spätestens im 19. Jahrhundert. Der Literaturwissenschaftler Wolfgang Martynkewicz analysiert in seinem Buch *Das Zeitalter der Erschöpfung: Die Überforderung des Menschen durch die Moderne*[2] umfassend die vielfältigen Erscheinungsformen von Müdigkeit und Erschöpfung im Spiegel der jeweiligen Gesellschaft. Die von ihm genau dokumentierten Ängste, Befindlichkeiten und erhofften Auswege weisen verblüffende Parallelen zur Gegenwart auf. Vor allem die Literaten hielten ihren Kampf gegen die Erschöpfung ihres Körpers und ihres Geistes wortreich fest und vertrauten schon damals heute bekannten Mitteln wie Kuranstalten, Diäten, Sonnen- und Luftbädern, Atemtechniken, Meditation und Bewegungstherapien. Thomas und Heinrich Mann, Rainer Maria Rilke, Franz Kafka, Hermann Hesse, Gustav Meyrink – sie alle litten unter Müdigkeit und Erschöpfung. Marcel Proust plagten extreme Geräuschempfindlichkeit und Schlaflosigkeit. Freunde empfing Proust in seinem komplett mit Korkeiche ausgeschlagenen Zimmer gerne erst ab Mitternacht, weil er selbst bis zwei Uhr nachmittags zu schlafen pflegte.

Der für seine Schreibdisziplin bekannte Thomas Mann nahm an sich eine allgemeine »Ermüdung« und »reduzierte Vitalität« wahr. 1901 kurte er zusammen mit seinem Bruder Heinrich in Mitterbach bei Christoph von Hartungen. Später suchte er das exklusive Sanatorium in Riva am Gardasee auf. Franz Kafka klagte: »So wenig Körperkraft! Sogar diese paar Worte sind unter der Beeinflussung der Schwäche geschrieben.« Immer wieder schreibt er in seinen Tagebüchern von Müdigkeit und Mattigkeit und der »körperlichen Unmöglichkeit zu schreiben«. Dabei versuchte Kafka, seinen Körper durch Gymnastik zu ertüchtigen, und besuchte Naturheilanstalten. So wie heute sorgten sich vor allem die gebildeten Schichten um ihre Fitness, weil sie sich durch die Beschleunigung des modernen Lebens und die damit verbundene Reizüberflutung ermüdet und energielos fühlten.

Wolfgang Martynkewicz zeigt in seinem Buch, dass nicht nur die sensiblen Literaten, sondern auch normale Werktätige über Schwäche und Kraftlosigkeit klagten. Der Nervenarzt Paul Julius Möbius beobachtete schon 1894, dass mehr und mehr »normale«, auf den ersten Blick völlig gesunde Menschen seine Praxis aufsuchten: Kellner, Dienstboten, Pferdebahnschaffner. Sie fühlten sich überfordert und waren oft zu kontinuierlicher Arbeit nicht mehr in der Lage, weil ihre Lebensführung in Unordnung geraten sei. Der Arzt müsse »wie ein guter Verwalter« in das Leben dieser Patienten eingreifen und sie zur »Tätigkeit« anleiten.

So, wie der Typus des erschöpften Menschen schon lange existiert, gab es immer wieder Menschen, die sogar trotz schweren körperlichen Beeinträchtigungen ein ungemein produktives und erfülltes Leben lebten, ohne ständig über Erschöpfung zu klagen, wie zum Beispiel der englische Schriftsteller und Philosoph Aldous Huxley. Hätte er nicht mit *Schöne neue Welt* einen Weltklassiker geschrieben, würden ihn heute wahrscheinlich nur wenige Menschen kennen. Erst die brillante Biografie *Aldous Huxley* von Uwe Rasch und Gerhard Wagner dokumentierte, dass er einer der wichtigsten Denker, Philosophen, Essayisten und Autoren des 20. Jahrhunderts war. Er kämpfte mit schweren Krankheiten wie fast völliger Erblindung – so ziemlich das Schlimmste, das einem Schriftsteller widerfahren kann. Er experimentierte mit damals erlaubten Drogen, war Pazifist und Mitbegründer des Esalen-Instituts. Mit Krishnamurti, Strawinsky, Yehudi Menuhin und Charlie Chaplin war er eng befreundet. Nach der Lektüre dieser Biografie sucht man ein wenig wehmütig nach solch inspirierenden Persönlichkeiten in der Gegenwart, die intensiv und schöpferisch leben, ohne sich ständig zu beklagen.

Die historische Analyse des Themas »Erschöpfung« bewahrt davor, zu schnell bei den vordergründigen aktuellen Erklärungen für deren Ursachen hängen zu bleiben. Die Kritik an der immer schnelleren Entwicklung der Welt, am inhumanen technischen Fortschritt, der Überforderung durch immer neue Aufgaben, der mangelnden Arbeitsmoral der Jungen, der Rückständigkeit der Alten begleitet jede Generation aufs Neue. Die populäre Tendenz, die Erklärung für die Erschöpfung vieler Menschen in den sozialen Medien zu suchen, erweist sich als wenig stichhaltig und als Mythos. Die Symptome gab es wie zuvor dokumentiert schon lange vor Facebook, Google, Instagram oder TikTok.

Der deutsche Soziologe Hartmut Rosa unterstreicht, dass Phänomene wie Stress, Zeitnot und Leistungsdruck bereits im 18. Jahrhundert deutlich erkennbar waren. »Damals wandelte sich die Gesellschaft massiv, erlebte einen gewaltigen Schub der Veränderung – vor allem mit der Entwicklung einer vom Markt gesteuerten Wirtschaft. Zwar waren auch Gemeinschaften zuvor nicht statisch, auch sie haben sich beständig verändert, durch Kriege, Dürren, Krankheiten, den Wechsel der Herrscher – oder durch Zufall, etwa wenn jemand eine Entdeckung gemacht hatte … Aber dass eine Gesellschaft gar nicht anders kann, als sich zu verändern, das war ein modernes Prinzip, das mit dem Kapitalismus aufkam. Denn wirtschaftliche Tätigkeit funktionierte von nun an nur durch das Versprechen, dass man mehr gewinnt, als man eingesetzt hat: Geld wird ja immer in der Hoffnung investiert, dass mehr Geld rauskommt.«[3] Die Beschleunigung der Gesellschaft beschränkte sich keineswegs nur auf die Wirtschaft, sondern veränderte auch die Wissenschaft und Kunst. Hartmut Rosa dazu: »Überall ging es zunehmend darum, das Vorgängige zu überbieten. Und immer tiefer verankerte sich die Überzeugung, dass sich eine Gesellschaft nur erhalten kann, wenn sie sich verändert, beschleunigt, wächst, innoviert. Steigerung wurde eine strukturelle Notwendigkeit. Das war im 18. Jahrhundert wirklich neu.«[4]

Die Angst vor dem Abstieg in unsicheren Zeiten ist uralt.

Die Herausforderung, sich in einer politisch und wirtschaftlich, aber auch im Alltag komplizierter gewordenen Welt zu behaupten, ist alles andere als neu. Wirtschaft, Technik und Wissenschaft haben die äußere Welt revolutioniert. Doch nach wie vor steht und fällt alles mit der inneren Welt des Menschen. In seinem im Jahr 1653 erschienenen Werk *Handorakel und Kunst der Weltklugheit* stellt der Jesuit Baltasar Gracián die Mühsal des ständigen Überlebenskampfs in schwierigen Zeiten an die erste Stelle seiner 300 Regeln:

»Alles hat heut zu Tage seinen Gipfel erreicht, aber die Kunst sich geltend zu machen, den höchsten. Mehr gehört jetzt zu einem Weisen, als in alten Zeiten zu sieben: und mehr ist erfordert, um in diesen Zeiten mit einem einzigen Menschen fertig zu werden, als in vorigen mit einem ganzen Volke.«

Obwohl das Buch vor 370 Jahren erschienen ist, passt die Lehre des Gracián gut in unser Zeitalter der Unsicherheit und Krisen. Die Ängste haben sich dabei seit damals erstaunlich wenig geändert, wenngleich die Ursachen dafür andere sind. Bei vielen Menschen herrscht die vorauseilende Furcht vor dem Verlust des Erreichten. Die schleichende Inflation frisst die Ersparnisse auf und die explodierenden Staatsschulden lassen an einer gesicherten Altersversorgung zweifeln. Dazu kommt die Angst vor einem Atomkrieg mitten in Europa, der jede Existenz vernichten würde. Für die Jungen wird alles härter. Den Satz »... mehr ist erfordert, um in diesen Zeiten mit einem einzigen Menschen fertig zu werden, als in vorigen mit einem ganzen Volke« könnte man heute als den immer schärferen Kampf um die attraktivsten Schul- und Studienplätze interpretieren. In Deutschland wird mit dem Numerus clausus selektiert, in Österreich muss sich beim Aufnahmetest für das Medizinstudium jeder Bewerber gegen zwölf andere durchsetzen.

Hat man es geschafft, seinen Kopf ein bisschen aus der Menge zu heben, eine Stufe auf der Leiter nach oben zu erklimmen, wächst die Zahl der Neider und Feinde. Je höher man steigt, je mehr Prestige und Einkommen man hat, desto gefährlicher wird es. Der erfahrene Pizzakoch oder die freundliche Verkäuferin finden einen neuen Job meist in unmittelbarer Nähe. Der hoch bezahlte Finanzchef oder Marketingleiter eines Unternehmens sucht nach einer Kündigung meist sehr lange und ab fünfzig oft erfolglos nach einem gleichwertigen Job. Wenn jetzt einige Leser wenig Mitgefühl für gut bezahlte Manager empfinden, sollten sie bedenken, die Angst vor dem Abstieg ist immer subjektiv.

Gerade Führungskräfte sind meist intelligente Wesen mit guten Antennen für atmosphärische Änderungen in ihrem Umfeld. Sie sind wachsam, wenn ihre Mitarbeiter beginnen, abschätzige Bemerkungen über sie zu machen. Zu oft haben sie erlebt, wie aus dem professionellen Exekutor einer Reorganisation, die viele den Job kostete, am Ende selbst ein Opfer wurde. »Aus verdorbenen Freunden werden die schlimmsten Feinde. Gutes können uns nur Wenige erweisen, Schlimmes fast Alle.«[5] Die Revolution, meist als Reorganisation getarnt, frisst auch in der Wirtschaft ihre Kinder.

Die leider viel zu früh verstorbene Executive Coachin Claudia Daeubner hat dieses Klima so erklärt: »Die Zerbrechlichkeit drückt sich dadurch aus, dass Manager heute viel rascher angreifbar und ersetzbar sind. Hatte ein Manager früher eine bestimmte Position erreicht, konnte er kaum mehr abstürzen, solange er sich nichts zu Schulden kommen ließ. Das ist heute ganz anders.«[6] Wer viel verdient, der schleppt meist eine Vielzahl an finanziellen Verpflichtungen mit. In der Mittelschicht gibt es viel zu verlieren, dort ist die Angst vor dem Abstieg stark ausgeprägt.

Für sie ist die Abgrenzung nach unten in Krisen besonders wichtig, weil sie im Gegensatz zu den wenigen wirklich Reichen eben nie über genug Kapital verfügt, um in der Zukunft gegen den Abstieg völlig abgesichert zu sein.

Wie pessimistisch müssen wir sein? Es gibt eine Anekdote über ein Treffen des deutschen mit dem österreichischen Generalstab gegen Ende des Ersten Weltkriegs, bei dem die Kriegssituation diskutiert wurde. Der Bericht der Deutschen begann mit dem Satz: »Die Lage ist ernst, aber nicht hoffnungslos.« Die Österreicher fassten ihre Beurteilung so zusammen: »Die Lage ist hoffnungslos, aber nicht ernst.«

Das Beste hoffen und sich auf das Schlimmste vorbereiten – warum das Denken in Worst-Case-Szenarien hilfreich sein kann

»Die fundamentale Ursache für Ärger ist, dass sich in der modernen Welt die Dummen absolut sicher sind, während die Intelligenten voller Zweifel sind.«

Bertrand Russell

Die Geschichte lehrt uns, dass die Mehrheit der Menschen in einer Wirtschaftskrise ihren Arbeitsplatz behält, Kriege unverletzt übersteht und Naturkatastrophen überlebt. Mit diesem Wissen macht es Sinn, immer wieder in Worst-Case-Szenarien zu denken. Stellen wir uns vor, Wladimir Putin greift nach der Ukraine auch das Baltikum an, die NATO reagiert mit massiven Gegenschlägen, Putin wehrt sich mit taktischen Atomraketen. Ist das denkbar? Ja. Ist das realistisch? Nein. Könnten wir etwas dagegen tun? Nein. Macht es daher Sinn, sich von dieser Angst beherrschen zu lassen?

Ray Dalio, der Gründer des Hedgefonds Bridgewater, muss sich berufsbedingt mit Worst-Case-Szenarien beschäftigen. Am Beginn seiner Karriere fing er bei null an, daher erinnert er sich heute noch genau, wie er regelmäßig kalkulierte, wie viele Wochen, später Monate und schließlich Jahre seine Familie und er überleben könnten, wenn er keinen Cent mehr verdienen würde. Mittlerweile verfügt er über ein sogenanntes »Weltuntergangsportfolio«, das ihm hilft, daran zu glauben, selbst im schlimmsten Fall zu überleben: »Nun denken Sie vielleicht, dass ich dem Ausschalten von Worst-Case-Szenarien so viel Aufmerksamkeit widme, sei deprimierend und halte mich davon ab, Chancen optimal zu nutzen, doch das Gegenteil ist der Fall. Es ist befreiend und spannend, so zu arbeiten, weil das Bewusstsein, für das Schlimmste gerüstet zu sein, mir ein Gefühl der Sicherheit und der Freiheit gibt – und mir ermöglicht, Herausragendes anzustreben. Ein chinesisches Sprichwort lautet: ›Ein kluges Kaninchen hat drei Baue‹, also drei Zufluchtsorte für den Fall, dass einer davon zu gefährlich wird. Dieser Grundsatz hat schon vielen Menschen das Leben gerettet, wenn etwas schiefging – und er gehört zu meinen wichtigsten Prinzipien. Wenn Ihnen späterer Nutzen wichtiger ist als unmittelbare Befriedigung, haben Sie die besseren Zukunftsaussichten. Beraten Sie sich mit den klügsten Köpfen, die Sie kennen. Ich suche die Nähe der fähigsten Menschen, die ich finden kann, um meine Überlegungen auf die Probe zu stellen und von ihnen zu lernen.«[7]

Heute ist Ray Dalio ein mehrfacher Milliardär. Wenn wir versuchen, seine Strategie des »Weltuntergangsportfolios« auf die Möglichkeiten eines Normalbürgers anzuwenden, können wir mit etwas Kreativität durchaus zu hilfreichen Erkenntnissen gelangen.

Die Bedrohung lauert immer um die Ecke, Hilfe kommt nur aus der Nähe. Wenn wir kein Geld in unser näheres Umfeld investieren, dann sollten wir uns nicht wundern, dass uns dieses nicht auffangen kann, wenn eine Krise in der Ferne alles zerstört, was wir besitzen. Das betrifft keineswegs nur die Investition von Geld, sondern auch von sozialer Energie wie Mitgefühl, Zeit und Wertschätzung. Diese Wechselbeziehungen sind Teil unserer Absicherung. Ein afrikanisches Sprichwort lautet: »Es braucht ein ganzes Dorf, um ein Kind zu erziehen.« Die ursprüngliche Bedeutung von »Gemeinschaft« war kein Ort, der durch Grenzen oder Ortstafeln definiert wurde, sondern durch gemeinsame Ressourcen. Daher entstanden viele Dörfer und Städte an Flüssen.

Die jahrhundertealte Anlageregel für Vermögende lautet: ein Drittel Gold, ein Drittel Immobilien, ein Drittel Wertpapiere. Könnte die wichtigste Empfehlung für Veranlagungen im 21. Jahrhundert nicht lauten, in Menschen aus Fleisch und Blut in unserer Nähe statt ausschließlich in Gold und Papier zu investieren? Wenn wir unsere menschlichen Kontakte immer nur dem Kriterium der Nützlichkeit unterwerfen, könnte es sehr einsam werden, wenn wir niemandem mehr nützlich sind. Wenn wir viele soziale Beziehungen pflegen, dann wird zumindest einer in der Nähe sein, um uns einen Rettungsring zuzuwerfen, wenn wir unterzugehen drohen. Zählen wir täglich unsere Freunde und nicht nur unser Geld.

Warum die Angst ein Teil von uns ist, wir uns ihr aber nicht ausliefern dürfen

»Ich bin ein alter Mann und habe viel Schreckliches erlebt, aber zum Glück ist das meiste davon nie eingetroffen.«

Mark Twain

Im Unterschied zur Angst ist die Furcht etwas Instinktives. Der Grund für Furcht war in Urzeiten die Konfrontation mit einem Säbelzahntiger, heute kann das passieren, wenn wir durch starke Turbulenzen in einem Flugzeug durchgerüttelt werden. Die Furcht ist vor allem körperlich. Der Puls beschleunigt sich, die Muskeln verspannen sich, die Atmung verändert sich. Angst ist dagegen meist ein gedanklicher Prozess. Um uns vor unverantwortlichen Risiken zu bewahren, ist Angst durchaus etwas Notwendiges. Sie wird erst dann zum Problem, wenn sie uns in unserer Weiterentwicklung hemmt, wenn wir uns zum Beispiel nicht trauen, uns für einen besseren Job zu bewerben, weil wir Angst haben, dort zu versagen.

Diese Angst, die uns blockiert, entsteht nicht einfach aus dem Nichts. Aus Angst, sich oder andere anzustecken, wagten sich Menschen in der Pandemie nicht mehr aus dem Haus. Es sind die täglichen medialen Berichte, die unsere durchaus berechtigte Angst vor der Inflation oder vor dunklen, kalten Wohnungen immer mehr verstärken.

Dagegen gibt es eine Schutzimpfung. Richten wir unsere Energie darauf, was wir in unserem Leben noch alles schaffen werden, und nicht auf das, was wir verlieren könnten. Nehmen wir uns noch mehr Zeit zum Nachdenken. Dabei tauchen Fragen auf, die uns weiterhelfen, unsere Handlungsmöglichkeiten klarer zu sehen:

Was ist unsere größte Angst vor der Zukunft? Eine schwere Krankheit wie Krebs zu bekommen, unseren Partner oder unser Kind zu verlieren, der Totalverlust unseres Vermögens, Arbeitslosigkeit, sozialer Abstieg oder Existenzangst? Das alles sind legitime persönliche Ängste. Gibt es auch Ängste, die über uns selbst und unsere Familie hinausgehen?

Unser Prüfungsgelände ist der Alltag mit all seinen Hindernissen und Gefahren. Das beginnt bei der Erschöpfung. Wir sind erschöpft, wenn wir nach einem anstrengenden Tag auf dem Heimweg sind. Im Geiste haben wir schon einen genauen Plan, was wir daheim noch alles erledigen müssen, bevor wir uns auf dem Sofa ein bisschen erholen dürfen. Die wirkliche Herausforderung besteht in unserer Haltung, mit der wir trotz unserem Stress nach einem harten Tag heimkehren. Schaffen wir es, uns selbst wieder als Mensch zu spüren, der seine Umgebung überhaupt wahrnimmt, oder rasen wir einfach nur dahin? Wenn wir unsere Blickspanne ein bisschen erweitern, finden wir auch Gelegenheiten, diejenigen, die sich gerade für andere engagieren, zu bestärken, statt sie zu ignorieren. Das macht unsere Sorgen noch nicht kleiner und die Miete können wir davon auch nicht bezahlen, aber vielleicht erinnern wir uns daran, wie uns einmal ein ehrliches Danke von einem wildfremden Menschen die Seele gewärmt hat. Das ist kein Gefühl, für das man sich genieren muss, sondern eine dieser Wegzehrungen, die uns so guttun, weil sie so selten sind.

Die größten Fortschritte machen wir oft, nachdem wir eine schwierige Phase durchleben mussten und unsere Ängste überwinden konnten. Wachsen können wir nur, wenn wir Verantwortung übernehmen. Sehr viele betrachten sich als ohnmächtig, dabei können ganz wenige sehr viel bewegen.

»Unsere tiefste Angst ist nicht,
dass wir unzulänglich sind,
unsere tiefste Angst ist,
dass wir unermesslich machtvoll sind.
Es ist unser Licht, das wir fürchten,
nicht unsere Dunkelheit.
Wir fragen uns:
›Wer bin ich eigentlich,
dass ich leuchtend, hinreißend,
begnadet und fantastisch sein darf?‹
Wer bist du denn, es nicht zu sein?
Du bist ein Kind Gottes.
Wenn du dich kleinmachst,
dient das der Welt nicht.
Es hat nichts mit Erleuchtung zu tun,
wenn du schrumpfst,
damit andere um dich herum
sich nicht verunsichert fühlen.
Wir wurden geboren,
um die Herrlichkeit Gottes zu verwirklichen,

die in uns ist.
Sie ist nicht nur in einigen von uns:
Sie ist in jedem Menschen.
Und wenn wir unser eigenes Licht
erstrahlen lassen wollen,
geben wir unbewusst anderen
Menschen die Erlaubnis,
dasselbe zu tun.
Wenn wir uns von unserer eigenen
Angst befreit haben,
wird unsere Gegenwart ohne
unser Zutun
andere befreien.«

Marianne Williamson
(US-amerikanische Autorin,
das Gedicht wird oft irrtümlich
Nelson Mandela zugeschrieben)

1 Hans Paasche: *Die Forschungsreise des Afrikaners Lukanga Mukara ins innerste Deutschland*. Das Originalzitat lautet: »Was schreiben aber die Wasungu?« Mit dem Fantasiewort »Wasungu« bezeichnet Lukanga Mukara die Deutschen. Um den Leser nicht zu verwirren, wurde es im Text durch das Wort »Deutsche« ersetzt.

2 Wolfgang Martynkewicz: *Das Zeitalter der Erschöpfung: Die Überforderung des Menschen durch die Moderne*. 2013. Aufbau.

3 Hartmut Rosa: Burnout entsteht nicht dadurch, dass man zu viel zu tun hat. In *Geo Wissen* 61. 2018.

4 Ebenda.

5 Baltasar Gracián: *Handorakel und Kunst der Weltklugheit*. 1992. Kröner.

6 Gespräch von Andreas Salcher mit Claudi Daeubner im Jahr 2009 bei den Recherchen zu seinem Buch *Der verletzte Mensch*.

7 Ray Dalio: *Weltordnung im Wandel: Vom Aufstieg und Fall von Nationen*. 2022. FBV.

Lernen von Extremen

Ein Schritt geht immer noch – ohne künstlichen Sauerstoff auf den Mount Everest

Am 8. Mai 1978 umarmten sich zwei junge Männer am Gipfel des Mount Everest. Als Erste hatten sie das Unmögliche geschafft. Fast genau 25 Jahre nach der Erstbesteigung des mit 8.848 Metern höchsten Berges der Welt setzten Peter Habeler und Reinhold Messner einen Meilenstein in der Geschichte des Bergsteigens. Sie waren die ersten Menschen, die den Mount Everest ohne künstlichen Sauerstoff bezwangen. Ein Vorhaben, das von vielen Medizinern als völliger Unsinn bezeichnet und zum Scheitern verurteilt worden war. Auch viele Alpinisten räumten der Verwirklichung dieses Vorhabens nur geringe Chancen ein. Allerdings hatte es seit der Erstbesteigung im Jahr 1953 durch Edmund Hillary und Tenzing Norgay noch nie einen ernsthaften Versuch gegeben, den Gipfel des Mount Everest ohne Sauerstoff zu erklimmen. Man ging davon aus, dass das unmöglich wäre, weil der Sauerstoffdruck im Vergleich zur Meereshöhe nur mehr ein Drittel betragen und das zu schweren körperlichen Schäden, insbesondere des Gehirns, führen würde. Wahnsinn, Orientierungslosigkeit und letztlich der Tod wären die Folgen.

Die Vorzeichen waren alles andere als günstig. Peter Habeler verdarb sich mit gefrorenen Sardinen aus einer Büchse den Magen und musste wieder zurück ins Lager zwei absteigen. Jeder, der jemals eine Lebensmittelvergiftung durchmachen musste, kann sich vorstellen, in welchem Zustand er dort ankam. Reinhold Messner konnte indes in der Vorbereitungsphase, unterstützt von zwei Sherpas, zum Südsattel vorstoßen und das Lager vier errichten, bevor sich das Wetter am Nachmittag dramatisch verschlechterte. Es herrschte starkes Schneetreiben und der Sturm steigerte sich zum Orkan. Das Zelt wurde zerfetzt und Messner konnte nur notdürftig ein Reservezelt aufstellen, in dem er und die Sherpas um ihr Überleben kämpften. Nach zwei Nächten ohne künstlichen Sauerstoff gelang Messner der Abstieg ins Lager zwei, in dem er erschöpft von den Strapazen eintraf.

Als sich Habeler und Messner einigermaßen erholt hatten, starteten die beiden ihr waghalsiges Unternehmen und gelangten am 7. Mai nach anstrengender Spurarbeit um die Mittagszeit zum Südsattel auf rund 7.900 Metern. Obwohl sie bis auf diese Höhe ohne künstlichen Sauerstoff aufgestiegen waren, fühlten sie sich noch gut. In der Nacht zog ein Sturm auf, sie schliefen kaum und der Sauerstoffmangel machte sich immer mehr bemerkbar. Dazu muss man wissen, dass sich der Körper ab einer Höhe von über 7.000 Metern in einem permanenten Stresszustand befindet und sich nur mehr schwer regenerieren kann. Um drei Uhr in der Nacht kochte Reinhold Messner Tee. Beide wussten, dass sie die Entscheidung über den Abbruch oder Aufbruch zur letzten und schwierigsten Etappe treffen mussten.

Die Wetterbedingungen – heftiger Wind und dunkle Wolkenbänke, die über dem Nuptse-Grat standen – lösten vor allem bei Peter Habeler schwere Bedenken aus. Er konnte sich nicht vorstellen, bei diesen Verhältnissen auch nur einige Hundert Meter hinaufzukommen. Nachdem Messner gestartet war, entschied sich Habeler trotzdem, ihm zu folgen, wobei er in den Beinen eine bleierne Müdigkeit spürte und bereits nach zwanzig bis dreißig Metern Pausen einlegen musste. Wenn sich seine Probleme verschlimmerten, würde er es nicht einmal bis zum Südgipfel schaffen.

Ab diesem Zeitpunkt gelang es Habeler jedoch, sich nur auf den Aufstieg zu konzentrieren. Er registrierte jeden seiner Schritte, sein Gesichtskreis wurde ganz eng und beschränkte sich auf das Allernotwendigste. Er schaltete völlig ab, bewegte sich wie ein Roboter und dachte nur noch an die nächsten fünf Meter vor ihm. Die Luft wurde knapper und knapper, er fühlte sich nahe am Ersticken. Wenn er für eine halbe Minute pausierte, schnappte er nach Luft wie ein Fisch auf dem Trockenen. Doch die Pausen reicherten seine Muskeln mit neuer Kraft an und so konnte er zehn oder zwanzig Schritte weitergehen.

Messner und Habeler fokussierten sich ausschließlich auf den Aufstieg und spürten, wie sich ihre Körper langsam auf das verminderte Sauerstoffangebot einstellten. Wichtig war, die Zehen und die Finger zu bewegen, weil diese nach dem Aufbruch gefühllos waren – ein Warnsignal für jeden Bergsteiger. Um halb zehn erreichten sie das Lager fünf. Sie legten eine halbe Stunde für eine Teepause ein. Ihnen war klar, dass sie danach sofort weitergehen mussten, um ihr Ziel zu erreichen. Noch dazu wurde das Wetter immer schlechter.

Nur ihr gemeinsamer Wille besiegte den übermächtigen Wunsch, umzukehren oder wenigstens zu schlafen. Das nächste Ziel war der 8.750 Meter hohe Südgipfel. Diesen ohne Sauerstoffmaske zu erreichen, wäre bereits ein großer Erfolg gewesen. So stapften sie weiter, versanken teilweise tief im Pulverschnee. Ein falscher Schritt und alles wäre vorbei gewesen. Kurz nach zwölf Uhr kamen sie auf dem Südgipfel an. Durch die Schneefahnen verloren sich die beiden immer wieder aus den Augen, unter ihnen brodelte ein Wolkenmeer.

Der Hauptgipfel schien nun zum Greifen nahe und doch wussten sie, dass traditionelle Expeditionen für diese Strecke oft Stunden brauchten. Mit äußerster Vorsicht kletterten sie weiter. In der letzten Phase, dem »Hillary Step«, konnten sie teilweise die Tritte der Vorgängergruppe benutzen, die nicht lange vor ihnen mit Sauerstoffmasken die Spitze erreicht hatte. Der Untergrund war aber instabil. Daher krochen sie die letzten Meter zum Gipfel meist auf allen vieren. Kurz nach 13 Uhr standen Peter Habeler und Reinhold Messner am höchsten Punkt der Erde. Sie umarmten sich. Vor allem fühlten sie sich von dem unmenschlichen Zwang befreit, weitergehen zu müssen.[1]

Was wir von einem Extrembergsteiger für unser Leben lernen können

Die Expeditionen und Touren von Peter Habeler wurden öfters wegen schlechtem Wetter, aber nie wegen körperlicher Erschöpfung abgebrochen. Das Wort »Erschöpfung« kommt in seinen Büchern nur einmal vor: »Sehr langes

Gehen führt an die Grenze der Erschöpfung. Man erreicht unweigerlich einen toten Punkt. Dann muss man sich auf gut Deutsch ›einen Tritt in den Hintern geben‹ – dann wird es plötzlich ganz licht, hell und schön.«[2]

Ich fragte Peter Habeler kurz nach dessen achtzigsten Geburtstag: »Was können Normalbürger von einem Mann, der viele Extremsituationen in seinem Leben bewältigt, teilweise nur ganz knapp überlebt hat, über den Umgang mit Erschöpfung lernen?«[3]

»Sehr viel von dem, was ich auf den Bergen gelernt und erfahren habe, ist ident mit dem, was wir im normalen Leben anwenden können. Das beginnt mit dem Aufbruch aus der Komfortzone. Menschen trauen sich oft nicht, ambitionierte Ziele anzustreben, weil sie den nächsten Griff, an dem sie sich anhalten könnten, nicht sehen. Sie sind blockiert von der Angst, was alles passieren könnte. Das ist die perfekte Rechtfertigung, sich erst gar nicht anzustrengen, nicht den Hintern zu heben und die ersten Schritte zu wagen.«

Peter Habeler erzählte mir von einem Vortrag, den er vor vielen Jahren im AudiMax der Universität Wien über seine Bergabenteuer gehalten hat. Zu seiner großen Freude saßen in der ersten Reihe nicht nur Bergsteigerkollegen wie Herbert Tichy und Heinrich Harrer, sondern er erkannte auch Viktor Frankl. Nach seinem Vortrag kritisierte ihn eine Frau aus dem Publikum heftig. Es sei verantwortungslos, ständig sein Leben zu riskieren. Viele von denen, die auf die höchsten Gipfel stiegen, kämen nie wieder zurück. Bevor Habeler antworten konnte, verteidigte ihn Frankl mit sehr deutlichen Worten. Aus dieser Begegnung entstand eine Freundschaft. Beide entdeckten Parallelen im Umgang mit Grenzerfahrungen im KZ und in den Bergen. Frankl war selbst bis ins hohe Alter ein begeisterter Bergsteiger.

Kämpfe nicht gegen das Leben.

Doch wie schaffen wir es, uns in einer Extremsituation, wenn wir völlig erschöpft sind und nur noch liegen bleiben und schlafen wollen, uns trotzdem weiterzubewegen? Was können wir von der »Todeszone« des Mount Everest über den »toten Punkt« im Leben lernen?

Peter Habeler erinnert sich: »Ich habe in meinem Kopf wie eine tibetische Gebetsmühle nur ein Wort ständig wiederholt: ›Vorwärts, vorwärts, vorwärts …‹ Ich bin ein instinktiver Bergsteiger, ich kann offenbar die Kraftquellen meines Unbewussten anzapfen. Mein Rat an die Menschen, die sich am Ende ihrer Kräfte fühlen: Ein Schritt geht immer noch – und dann noch einer. Das kann bedeuten, diese eine Seite schreibe ich noch, diese eine E-Mail beantworte ich noch, diesen einen unangenehmen Anruf tätige ich noch, diesen einen Kilometer gehe ich noch. Es gab durchaus Expeditionen, die ich abgebrochen habe, ohne den Gipfel zu erreichen. Mir war immer wichtig, nicht gegen den Berg zu kämpfen. Das könnte man übertragen auf alle großen Herausforderungen: Kämpfe nicht gegen das Leben.«

Skeptiker stellten oft die Frage, ob Habeler und Messner besondere genetische Veranlagungen besaßen. Denn schon bald nach ihrem Erfolg auf dem Mount Everest hieß es, die beiden seien irgendwie speziell in ihrer Fähigkeit, Sauerstoff aufzunehmen. Nun, zweifellos sind Profisportler durch das ständige Training, meist seit früher Kindheit, wesentlich fitter und körperlich belastbarer als der Normalbürger. Interessant war aber, ob Messner und Habeler im Vergleich zu anderen Profibergsteigern tatsächlich durch eine Laune der Natur über genetische Vorteile verfügten, die ihnen das an sich Menschenunmögliche doch ermöglichten.

Der Arzt Oswald Oelz, der Teil des medizinischen Teams bei der Mount-Everest-Expedition war, hat das untersucht: »Ich habe die beiden ausführlich studiert, habe sie in Unterdruckkammern bis auf simulierte 8.000 Meter untersucht, ihnen Muskelgewebe entnommen, sie auf dem Laufband laufen lassen – bis sie hinuntergefallen sind. Dann habe ich die Ergebnisse mit anderen Bergsteigern verglichen. Das war eine sehr erfolgreiche Studie, aber auch die langweiligste, die ich je gemacht hatte. Warum? Bei den beiden war alles völlig normal. Mit anderen Worten: Grenzen zu verschieben, ist nicht so sehr eine Frage der besseren Sauerstoffaufnahme, sondern der Motivation und Taktik.«

Diese Studie bestätigte eine wichtige Erkenntnis, die auch im folgenden Kapitel »Warum Roald Amundsen als Erster den Südpol erreichte und Robert Scott scheiterte« beschrieben wird. Motivation und Strategie sind entscheidend für Leistungen, die Grenzen verschieben, und nicht primär angeborene Fähigkeiten.

Wie geht Peter Habeler, der mehrmals lebensgefährliche Situationen erlebt hat, mit den aktuellen Krisen wie der Pandemie, dem Krieg in der Ukraine, der Geldentwertung um, die viele Menschen als bedrohlich für ihr Leben empfinden?

»All das geht mir sehr nahe, wenngleich ich in einer privilegierten Situation bin. Ich komme finanziell gut zurecht, weil ich nie hohe Ansprüche hatte. Ich bin mit einer Ärztin verheiratet und somit gesundheitlich bestens betreut. Viele Familien kämpfen derzeit wirklich massiv. Ich versuche, optimistisch zu bleiben und die vielen negativen Gedanken, die derzeit die Menschen beherrschen, nicht noch weiter zu verstärken. Aber ganz ehrlich, mich belasten die vielen Krisen mehr als die Ängste, die ich vor dem Mount Everest und der Eiger-Nordwand hatte. Warum? Am Mount Everest hatte ich mit Reinhold Messner den idealen Partner, genauso wie mit David Lama[4], mit dem ich im Alter von 74 Jahren zum zweiten Mal die Eiger-Nordwand durchstiegen habe. In beiden Fällen war es meine Entscheidung, meine Verantwortung und ich hatte bis zu einem gewissen Ausmaß die Kontrolle. Bei der Pandemie oder dem Krieg in der Ukraine habe ich null Einfluss.«

Die Meisterklasse – das Leben einfach zu gestalten

Peter Habeler stammt aus einfachen Verhältnissen. Er hat gelernt, mit wenig auszukommen. Oft reichte ihm ein Marmeladebrot zum Frühstück und eine Erbsen-Wurst-Suppe am Abend. Ehrfürchtig erzählt er vom asketischen tibetischen Mönch Milarepa, der sich fast nur von Brennnesselsuppe ernährte. Daher rührte offenbar die grüne Hautfarbe, die auf historischen Darstellungen von ihm zu sehen ist. Milarepa erreichte das 83. Lebensjahr, was im 11. Jahrhundert äußert selten war.

Doch von Milarepa zurück zu Habeler. Er meint, entscheidend für den Gipfelerfolg ohne künstlichen Sauerstoff am Mount Everest sei ihr minimales Gepäck gewesen, anders wäre das nicht möglich gewesen. Ein durchschnittlicher Teilnehmer einer Everest-Expedition trägt inklusive der Sauerstoffflaschen 15 bis 16 Kilogramm mit sich. Habeler und Messner kamen mit je zwei Kilogramm aus.

Die Reduktion auf das unbedingt Notwendige, auf das Essenzielle, ist für Habeler die wahre Meisterschaft im Leben. Wenn man die Ausrüstung, die Gedanken, die Beeinflussung durch das Umfeld auf ein Minimum beschränkt, dann kommt man schneller voran – nicht nur am Berg, auch im Leben.

Unser Gepäck definiert unser Leben weit mehr, als uns lieb ist. Die Erschöpfung hat nicht nur mit den Krisen der äußeren Welt, sondern auch mit den immer größeren Lasten zu tun, die wir im Laufe des Lebens mitschleppen. Inspiriert durch Peter Habeler könnten wir uns einmal Zeit nehmen, genau hinzusehen und Ballast abzuwerfen, um dann wieder genug Kraft zu haben, um neue Ziele anzusteuern. Wer viel mitschleppt, fühlt sich schneller erschöpft. Für diese Erkenntnis brauchen wir nicht auf den Mount Everest zu steigen.

Hier ein System, mit dem wir Dinge in unserem Leben erst auspacken, dann neu ordnen und letztlich umpacken:[5]

Dinge, ohne die wir nicht leben können: Das sind fundamentale Dinge wie die Kinder, der Partner, das beruflich Erreichte, unsere Gesundheit, unsere idealistischen Projekte.

Dinge, ohne die wir nicht leben wollen: Diese Dinge wollen wir behalten, weil sie zur Wertschätzung unserer Lebensgeschichte beitragen, wie besondere Erinnerungsstücke, Tagebücher und Geschenke.

Dinge, bei denen wir uns unsicher sind, weil wir noch nicht bereit sind, sie loszulassen, aber sie auch nicht wirklich zur Hand haben müssen.

Dinge, die wir loswerden wollen, weil sie längst ihre Nützlichkeit verloren haben, die uns oft sogar belasten: Wir haben uns aber nie dazu durchgerungen, uns wirklich von ihnen zu trennen, denn dazu gehören zum Beispiel auch mühsame Freundschaften oder überflüssige Kleidung.

Wenn wir auf unserem Lebensweg immer langsamer werden und uns wundern, warum wir ehrgeizige Ziele auf einmal nicht mehr erreichen können, dann liegt das an unserem Zögern, Belastungen abzuwerfen. Um nicht missverstanden zu werden: Verzichten und Aufgeben sind wichtige Werte an sich, doch das Umpacken dient ganz schlicht dem Zweck, für neue Ziele beweglich genug zu sein und Platz für genau jene Dinge zu schaffen, die man in der Zukunft braucht.

Der Benediktinermönch David Steindl-Rast würde sagen, dass persönliche Krisen immer drei Elemente enthalten: erstens die Einsicht, dass es so nicht weitergehen kann, weil sich vor uns eine Wand aufbaut, zweitens die Besinnung darauf, dass wir Ballast abwerfen müssen, wenn wir weiterkommen wollen, und drittens die wichtigste Erkenntnis, dass wir innere Führung brauchen, die uns hilft, zu erspüren, was es ist, das wir abwerfen müssen, um dieses scheinbar unbezwingliche Hindernis zu überwinden.[6]

Das Ziel ist der Gipfel.

> *»Der Kampf gegen Gipfel vermag ein Menschenherz auszufüllen. Wir müssen uns Sisyphos als einen glücklichen Menschen vorstellen.«*
> *Albert Camus,* Der Mythos des Sisyphos

Einer der besten französischen Alpinisten, Lionel Terray, bezeichnete Bergsteiger als »Eroberer des Unnützen«. Peter Habeler kommentiert dieses Zitat: »Zu Recht, mögen manche meinen. Als Lebensraum eignet sich das Gebirge nicht sonderlich und auch irdische Reichtümer sind auf den Gletschern und Gipfeln nicht zu holen. Was ist dann der Grund dafür, dass sich doch so viele Menschen im Gebirge aufhalten, Wanderungen, Klettertouren, Gletscherüberquerungen unternehmen und sich in den Bergen Kraft und Ausdauer für das Leben ›im Tal‹ holen? Jeder, der ins Gebirge geht, hat seinen Achttausender … Im Zusammenhang mit dem Bergsteigen wird immer wieder gern zitiert, dass der Weg das Ziel sei. Für meine aktive Zeit als Kletterer und Höhenbergsteiger möchte ich dieser Aussage widersprechen. Auch wenn der Weg wichtig ist, mein eigentliches Ziel war nie der Weg, sondern immer der Gipfel, die maximale Leistung. Auf dieses Ziel war ich fokussiert. Um meine Ziele zu erreichen, musste ich die eine oder andere gefährliche Situation in Kauf nehmen. Doch ich tat das nicht aus Todessehnsucht. Indem ich die Gefahren überwand, den Tod riskierte, konnte ich den Wert des Lebens umso deutlicher erkennen.«

1 Peter Habeler und Karin Steinbach: *Das Ziel ist der Gipfel*. 2008. Tyrolia.

2 *Das Ziel ist der Gipfel* sowie *Mein nächster Berg: Erzählt von Marlies Czerny*. 2022. Bergwelten.

3 Das Kapitel beruht auf einem persönlichen Gespräch von Andreas Salcher mit Peter Habeler am 22. August 2022 und auf dessen beiden Büchern *Das Ziel ist der Gipfel* sowie *Mein nächster Berg: Erzählt von Marlies Czerny*. 2022. Bergwelten.

4 David Lama starb zusammen mit Hansjörg Auer und Jess Roskelley bei einem Lawinenabgang an der Ostwand des Howse Peak im Banff-Nationalpark im April 2019.

5 Dieses System hat Richard Leider aufgrund seiner Erfahrungen mit Expeditionen in Tansania entwickelt. Richard J. Leider und David A. Shapiro: *Lass endlich los und lebe*. S. 205. 2004. mvg Verlag.

6 David Steindl-Rast: *Musik der Stille: Die Gregorianischen Gesänge und der Rhythmus des Lebens*. S. 104. 2008. Herder.

Warum Roald Amundsen als Erster den Südpol erreichte und Robert Scott scheiterte

»Nicht alle Wege führen zum Ziel. Und wenn man erst einmal auf der anderen Seite des Globus angekommen ist, kann man wenigstens sicher sein, dass man auf dem richtigen Weg ist. Wer diese Gewissheit auf dem Herzen trägt, der bleibt kühl, wenn auch die Magnetnadel des Lebens ab und zu tanzt.«

Roald Amundsen

Vom Herbst 1911 bis zum Jänner 1912 kämpften zwei Expeditionen darum, als erste den Südpol zu erreichen. Das britische Team unter der Führung des Marineoffiziers Robert F. Scott plante eine Route von 1.374 Kilometern, jenes des norwegischen Forschers Roald Amundsen eine von 1.278 Kilometern. Die Bedingungen waren für beide die gleichen: minus 25 bis minus dreißig Grad Celsius, starker Wind und Schneestürme, keine Mobil- oder Satellitentelefone und daher auch keine Möglichkeit, mit Rettungsteams zu kommunizieren. Der Ausgang dieses Wettlaufs ist bekannt.

Am 15. Dezember 1911 erreichte Amundsen den Südpol, pflanzte die norwegische Flagge und machte sich auf den Rückweg. Scott war zu diesem Zeitpunkt noch 360 Meilen entfernt und kam erst über einen Monat später am Südpol an. Als er die norwegische Fahne sah, wusste er, dass er verloren hatte. Sein Rückzug wurde ein Fiasko mit toten, verhungerten und erfrorenen Expeditionsmitgliedern. Acht Monate später fand ein britisches Team Robert Scott und vier seiner Männer erfroren in einem Zelt, das nur zehn Meilen vom nächsten Versorgungsdepot lag. Amundsen brachte sein gesamtes Team heil zurück nach Norwegen.

Was können wir aus dieser Fallstudie über extreme körperliche und psychische Anstrengung unter gleichen Umweltbedingungen lernen?

Strategie und Vorbereitung

Amundsen bereitete sich rigoros vor. Bei einer Vorgängerexpedition am Nordpol studierte er genau die Lebensweise der Inuit, wie sie sich kleideten, ernährten und fortbewegten. Daher entschied er sich für traditionelle Hundeschlitten als wichtigstes Transportmittel. Scott war zwar ebenfalls ein erfahrener Expeditionsleiter, vertraute aber eher seiner Intuition als dem exakten Studium der Umweltbedingungen, die ihn am Südpol erwarten würden. Er hatte mehr finanzielle Mittel zur Verfügung als Amundsen und setzte daher auf Motorschlitten, die damals modernsten und teuersten Transportmittel. Diese waren jedoch für die Verhältnisse am Südpol ungeeignet und fielen gleich am Anfang aus. Die geplante Logistik von Scott hing von Motorschlitten, Ponys, Hunden und Südwinden ab, die sich als zu komplex erwies und seine Leute frühzeitig dazu zwang, die schweren Schlitten selbst zu ziehen.

Amundsen plante drei Tonnen Lebensmittel und Material für die fünf Männer in der entscheidenden Schlussphase ein. Scott sorgte nur mit einer Tonne vor. Daher lagen seine Depots für den Rückmarsch weit auseinander. Die Teammitglieder von Amundsen nahmen während der Expedition sogar an Gewicht zu, während sich der körperliche Zustand von Scotts Leuten vor allem auf dem Rückmarsch immer mehr verschlechterte, weil die Rationen unzureichend waren und nicht genug Energie für die Männer lieferten.

Das Team von Amundsen verfügte über hervorragende Navigationskenntnisse. Für alle Geräte gab es mehrere Backups, so nahm er zum Beispiel vier Höhenmesser mit. Scott setzte auf einen Theodolit für die Positionsbestimmung, ein kompliziertes, präzises Winkelmessinstrument, das aber hohes mathematisches Wissen erforderte, obwohl Scott nur einen einzigen dafür gut ausgebildeten Fachmann im Team hatte. Amundsen rekrutierte erfahrene Skifahrer, die diesen Sport schon in ihrer Kindheit erlernt hatten, während Scott nur einen Teil seiner Mannschaft im Skifahren trainierte.

Disziplin

Amundsen marschierte 15 bis zwanzig Meilen pro Tag, unabhängig von den Wetterbedingungen. Als ein Teammitglied vorschlug, schneller zu gehen, um dadurch bis zu 25 Meilen am Tag zu schaffen, sagte Amundsen Nein. Ihm war wichtig, dass sie viel Zeit zum Schlafen und für Erholung hatten, damit sie ständig ihre Energiereserven aufladen konnten. Scott trieb seine Leute bei gutem Wetter zu wesentlich längeren Tagesetappen an, was dazu führte, dass sie bei schlechtem Wetter mehrere Tage, ohne eine Meile zurückzulegen, erschöpft im Zelt lagen. An einem Punkt herrschte sechs Tage lang Gegenwind und Scotts Mannschaft kam an keinem einzigen weiter, während Amundsen an 15 Tagen Gegenwind hatte und trotzdem an acht davon weitermarschierte. Während Amundsen mit seiner Marschstrategie einen Schnitt von 15,5 Meilen pro Tag schaffte, fiel Scott nach kurzer Zeit dramatisch hinter seinen viel zu optimistischen Zeitplan zurück.[1]

Die Erkenntnisse zum Thema »Erschöpfung«

Wie herausfordernd uns die aktuellen Krisen auch immer erscheinen mögen, das Wettrennen um den Südpol war sicher härter. Menschen halten erstaunlich viel aus, wenn sie ein für sie sinnvolles und motivierendes gemeinsames Ziel verbindet.

Drei Lektionen können wir für das richtige Verhalten unter extrem belastenden Verhältnissen aus der Fallstudie lernen:

Die Landkarte ist nicht das Gebiet: Je schwieriger und unbekannter die Umweltbedingungen sind, umso entscheidender ist eine professionelle Vorbereitung. Peter Habeler ist der Meinung, dass Scott vor allem die Gewalt der Natur unterschätzt hat. Er war mehr ein Offizier als ein risikobewusster Forscher.

Disziplin und Hartnäckigkeit: Die konsequente Verfolgung eines Ziels Schritt für Schritt, Tag für Tag ist offenbar effizienter als das Pendeln zwischen Höchstleistung und Nullleistung.
Kompetente Führung: Am Südpol entschieden das gute und schlechte Führungsverhalten zweier Männer über Leben und Tod, Sieg und Niederlage. Daher überlässt man heutzutage die Entscheidungsmacht nicht mehr einer Person, sondern agiert fast immer in Teams mit klarer Aufgabenverteilung.

Der Managementexperte Jim Collins, der das Verhalten von Führungskräften in mehreren Studien analysiert hat, kommt zu der provokanten Erkenntnis: Die besten Führungskräfte sind nicht risikofreudiger, visionärer oder kreativer als ihre Mitbewerber. Sie sind dafür disziplinierter, orientieren sich an empirischen Fakten und berücksichtigen Worst-Case-Szenarien.

1 Die Fallstudie über das Wettrennen um den Südpol stammt vorwiegend aus dem Buch von Jim Collins und Morten T. Hansen: *Great by Choice: Uncertainty, Chaos, and Luck – Why Some Thrive Despite Them All*. 2011. Harper Collins.

Die Quellen der Kraft – was erfüllte Menschen von erschöpften Menschen unterscheidet

Der Sinnsucher Viktor Frankl – die Wahlfreiheit des Menschen in siebeneinhalb Prinzipien

Viktor Frankl hat seine Lehre vom Sinn des Lebens am dunkelsten Ort der Welt entwickelt, in den Konzentrationslagern der Nazis. Die Fähigkeit, jeder Lage – auch der schlimmsten – Sinn abringen zu können, erwies sich dort als die wirksamste Überlebensstrategie. Diese Erkenntnis ist hochaktuell, weil sie das nötige Rüstzeug bietet, um Zeiten der Krise, Ängste und Verluste besser zu bewältigen. Es liegt in unserer Macht, auch unsicheren Zeiten unseren Stempel aufzudrücken.[1]

»Man kann den Menschen im Konzentrationslager alles nehmen … nur nicht: die letzte menschliche Freiheit, sich zu den gegebenen Verhältnissen so oder so einzustellen«, lautet die Kernaussage von Viktor Frankls Weltbestseller *… trotzdem Ja zum Leben sagen*.

Wahrhaftiger Optimismus erfordert aber mehr als positives Denken. Gute Absichten sind in schwierigen Situationen zu wenig. Es geht darum, sich die Möglichkeiten konkret vorstellen zu können, die sich aus der Wahl unserer Einstellung ergeben. Studenten konnten in der Pandemie darunter leiden, dass sie geplante Auslandssemester absagen mussten, oder die Zeit der virtuellen Universität nutzen, um Prüfungen effizienter zu absolvieren und dann entspannter reisen und feiern zu dürfen, sobald das wieder möglich wäre.

Manager konnten den Verlust des persönlichen Kontakts zu ihrem engsten Führungsteam beklagen oder das Potenzial der virtuellen Kommunikation für Mitarbeiter und Kunden erkennen, zu denen sie bisher wenig Kontakt hatten. Wir haben die Freiheit, unsere Wahl zu treffen, sei dieser Gestaltungsraum auch noch so klein. Es ist erstaunlich, wie wenig wir diese Wahl nutzen.

Wir können lernen, unsere Aufmerksamkeit so zu lenken, um sehr schwierige Situationen zu bewältigen. Nelson Mandela hat sich diese Freiheit in jenen fast dreißig Jahren, als er auf der Gefängnisinsel Robben Island eingesperrt war und täglich Steine klopfen musste, nicht nehmen lassen. Im Gegenteil, er hat eine »Universität« für seine Mitgefangenen organisiert, in der jeder Vorträge über sein Fachgebiet halten konnte, über die dann heftig diskutiert wurde. Wie viel Wut muss sich in einem Menschen in so langer Zeit aufstauen und welcher Größe bedarf es, dieser dann nicht nachzugeben, um sich an jenen zu rächen, die einem das angetan haben?

Ein Funken dieser menschlichen Größe steckt in jedem von uns. Seit der Pandemie gibt es keinen Mangel an kleinen Ärgernissen und großen Ungerechtigkeiten, um unsere Einstellung gegenüber allem, was uns widerfährt, frei zu wählen. Wie befreiend ist es, uns möglichst schnell bei einem anderen, den wir aus Wut schlecht behandelt haben, zu entschuldigen oder zumindest die Verständigung zu suchen. Groll macht krank, Vergebung macht gesund. Fritz Perls, der Mitbegründer der Gestalttherapie, empfiehlt als Einstellung: »Ich bin nicht auf dieser Welt, um die Erwartungen aller anderen zu erfüllen, noch ist die Welt dazu da, um meine zu erfüllen.«

Wenn wir uns nicht von der Frustration beherrschen lassen, sind wir fähig, in jedem Augenblick die Möglichkeit für Sinn in unserer Existenz zu entdecken. Dieser Sinn entsteht, indem wir durch unser Tun etwas in der Welt schaffen.

Welche Fragen würden wir in Zeiten wie diesen Viktor Frankl stellen?

Warum gibt es im Moment so viele Staatsmänner, die gefährlich für ihr eigenes Volk und die Welt sind?

Was können wir gegen den Klimawandel tun?

Warum funktionieren unsere Schulen nur so mittelmäßig?

Lieber Herr Professor, wir stehen vor großen gesellschaftlichen Umbrüchen, die viele Menschen ängstigen und erschöpfen. Wie können …

Spätestens an dieser Stelle würde uns Viktor Frankl energisch unterbrechen:

»Meine Damen und Herren, haben Sie in meinen Vorlesungen nicht zugehört? Nicht Sie haben zu fragen, sondern das Leben stellt die Fragen. Sie haben auf die Fragen des Lebens zu antworten. Das heißt, wir haben im Rahmen unserer Möglichkeiten zu antworten, sodass es das Beste für uns und für alle anderen ist. Erschöpfung kommt von Sinnverfehlung. Wenn Menschen zu viel nur für sich wollen, dann kommen sie in eine seelische Schräglage, sie fühlen sich dann getrieben. Selbstverständlich ist es eine Herausforderung, uns nach den fetten, sicheren Jahren auf magere, unsichere Zeiten umzustellen. Gerade deshalb sollten wir uns fragen: Welches Vorbild wollen wir jetzt in diesen schwierigen Zeiten abgeben? Wie können wir unsere Kinder und Freunde aufrichten, statt ihre Ängste zu verstärken? Diese Geisteshaltung katapultiert uns aus der Erschöpfung.«[2]

Das Geniale an den Thesen von Viktor Frankl ist, dass er Menschheitswissen offengelegt hat, dass er Lebensweisheiten bewusst gemacht hat, dass er aufgezeigt hat, dass es in den Händen jedes einzelnen Menschen liegt, ob sein Leben glückt oder nicht. Trotz Leid, trotz Unglück kann Leben gelingen. Wenn wir uns dafür entscheiden, wenn wir es wollen. Es geht mehr um die Freiheit zu als um die Freiheit von etwas. Es ist eher der Weg von innen nach außen als der von außen nach innen. Vor allem leidende Menschen sollten zu dem Verständnis gelangen, dass es nicht darauf ankommt, was sie vom Leben zu erwarten haben, sondern was das Leben von ihnen erwartet.

Für Viktor Frankl ist das Fehlen der Spannung in unserem Leben eine der Ursachen für den Sinnverlust, vor allem bei jungen Menschen. Gerade wenn das Leben scheinbar perfekt ist, tritt dieses »existenzielle Vakuum«, das Gefühl der Leere, ein, weil wir Vergnügungen im Übermaß genießen, aber eben keine Herausforderungen haben. So wie in den Bergen sollte man im Leben nicht den Weg des geringsten Widerstands wählen, nicht die Trampelpfade, sondern die schwierigsten Routen, die man gerade noch gefahrlos bewältigen kann.[3] Dann wird man erkennen, dass die Grenzen des Menschenmöglichen immer weiter hinausgeschoben werden können, wie das zum Beispiel Reinhold Messner und Peter Habeler bewiesen haben. Frankl selbst vermied keine Anstrengungen, wenn ihm etwas wichtig erschien. Er scheute sich nicht, als 67-Jähriger den Pilotenschein zu machen. Diesem Vorbild zu folgen, bedeutet: Hör nie auf, Neues zu lernen. Wer aufhört, zu lernen, hört auf, zu leben.

Die Lehre des Viktor Frankl in siebeneinhalb Prinzipien

Alex Pattakos beschreibt in seinem Buch *Gefangene unserer Gedanken: Viktor Frankls 7 Prinzipien, die Leben und Arbeit Sinn geben* zentrale Leitgedanken von Frankl[4]:

1. Wir können unsere Einstellung gegenüber allem, was uns widerfährt, frei wählen.

In schwierigen Lebenslagen werden unsere Anpassungsfähigkeit und unsere Widerstandskraft einem Härtetest unterzogen. Um unsere Einstellung zu diesen Situationen wählen zu können, ist es hilfreich, diese aus verschiedenen Perspektiven zu betrachten. Die Voraussetzung dafür ist, dass wir wissen, wer wir sind und was uns ausmacht.

Die Verantwortung für unsere Einstellung liegt bei uns selbst. Wir können sie nicht delegieren. Hätte Viktor Frankl bei seiner Ankunft in Auschwitz aufgegeben, weil er dachte, ohnehin erschossen oder jedenfalls getötet zu werden, dann wäre er wahrscheinlich nicht am Leben geblieben. Er sagte sich aber, dass er dafür verantwortlich ist, jede auch noch so geringe Chance zum Überleben zu nutzen. Diese minimale Entscheidungsfreiheit wollte er sich von niemandem nehmen lassen.

Was können wir von Viktor Frankls Erkenntnissen, die er unter furchtbaren Bedingungen gewonnen und verteidigt hat, für die Probleme unseres Lebens lernen? Denken wir an eine schwierige Situation, in der unsere Einstellung die entscheidende Rolle gespielt hat. Welche Lösungsmechanismen standen uns zur Verfügung? Wie erfolgreich haben wir die Situation bewältigt? Was beeinflusst unsere Fähigkeit, unsere Einstellung zu wählen?

Natürlich sind wir nicht völlig unabhängig von den Bedingungen unseres Umfelds. Es ist aber unser menschliches Grundrecht, zu entscheiden, wie wir darauf reagieren. Nach Viktor Frankl erfüllt sich unser menschliches Wesen darin, dass wir frei sind. Wir müssen nur der Versuchung widerstehen, Gefangene unserer Gedanken zu werden, und die Freiheit bewusst wählen, gleichgültig, was auch geschehen mag.

2. Wir können unseren Willen zum Sinn erfüllen, wenn wir uns bewusst und authentisch für sinnvolle Werte und Ziele engagieren.

Frankl war davon überzeugt, dass der Wunsch, das Bestmögliche für sich und sein Umfeld zu schaffen, im Menschen grundgelegt ist. Erst durch die Beziehung zum Du kann der Mensch sein Ich entwickeln. Im Viktor Frankl Museum in Wien sind in den Türschwellen gebogene Spiegel angebracht. Auf den ersten Blick sieht sich der Besucher selbst. Wenn er aber den Blickwinkel ändert, erkennt er, dass dort Frankl-Zitate geschrieben stehen. Dadurch soll erfahrbar werden, dass wir über uns selbst hinausschauen können. Wenn wir erkennen, dass wir auch die anderen sind, dann eröffnet uns das neue Perspektiven.

3. Wir können in jedem Augenblick unseres Lebens Sinn entdecken.

Hier gibt es eine große Ähnlichkeit zwischen dem Psychiater Frankl und dem Benediktiner David Steindl-Rast, für den der Weg des achtsamen Lebens täglich Gelegenheit bietet, dankbar zu sein. Für Frankl führt die Achtsamkeit zum Sinn, denn dieser ist immer da, wir müssen ihn oft nur entdecken.

4. Wir können lernen, nicht gegen uns selbst zu arbeiten und unseren eigenen Intentionen nicht zuwiderzuhandeln.

Das erste Anzeichen einer Erschöpfung liegt oft in einer enttäuschten Erwartung. Für manche Menschen bedeutet es eine narzisstische Kränkung, wenn sie ein Ziel nicht erreichen können, das doch scheinbar so knapp vor ihnen liegt. Wir dürfen immer hoffen, aber zu erwarten, dass etwas genau so eintritt, wie wir uns das wünschen, macht uns abhängig von der Erwartung. Wenn diese dann nicht erfüllt wird, flüchten wir entweder in die Anklage oder das Selbstmitleid.

5. Wir können uns von uns selbst distanzieren, um Einsichten und neue Perspektiven zu finden, und über uns lachen.

Natürlich fühlen wir uns manchmal niedergeschlagen, enttäuscht oder verlassen. Wenn wir uns in diesem Zustand gut fühlten, obwohl es uns gar nicht gut geht, dann würde etwas mit uns nicht stimmen. Entscheidend ist nicht, dass wir uns im Augenblick schlecht fühlen oder leiden, sondern dass wir uns nicht mit diesem Gefühl identifizieren. Wir fühlen uns zerrissen, aber wir sind nicht die Zerrissenheit, wir sind wütend, aber wir sind nicht die Wut. Frankl hat dazu gesagt: »Ich muss mir nicht alles von mir gefallen lassen.«

6. Wir können unsere Aufmerksamkeit so lenken, dass wir auch sehr schwierige Situationen bewältigen

Der Lauf des Lebens eines Menschen ist von seiner Veranlagung und von äußeren Umständen bestimmt. Unseren Lebensstil und unsere Gedanken können wir beeinflussen. Haben wir einen schlechten Gedanken oder hat uns dieser Gedanke, dann lässt er uns nicht mehr los. Es gibt Situationen, in denen Menschen von Gedanken geradezu besessen sind. In dem Film *Vincent will Meer* geht es um einen jungen tourettekranken Mann. Mit dem Satz »Ich hab einen kleinen Clown im Hirn, der mir in die Synapsen scheißt« versucht Vincent, seiner Freundin Marie das Tourettesyndrom zu erklären.[5] Viktor Frankl hätte über diesen Ausspruch wohl herzhaft gelacht, weil der Humor für ihn eine wirksame Strategie gegen Selbstmitleid und Schicksalsschläge war.

7. Wir können über uns hinauswachsen und die Welt verändern, und sei es nur ein ganz kleines bisschen.

Gerade wenn die Welt im Argen liegt, wird dieser Zustand ärger, wenn nicht jeder das ihm Mögliche tut und so Sinn für sich selbst und die Welt erzeugt. In diesem Engagement liegt der Weg von der Ohnmacht zur Macht. Frankl hat gesagt: Alle Entscheidung ist Selbstentscheidung. Alle Gestaltung ist Selbstgestaltung. Er spricht auch von Selbsttranszendenz, womit gemeint ist, dass der Mensch erst dann ganz Mensch wird, wenn er aus sich heraustritt und in der Hingabe an eine Sache oder an einen Menschen aufgeht. Frankl versteht darunter, einen Sinn in seinem Leben zu finden und zu erfüllen oder einen anderen Menschen zu lieben. Liebe dient nach diesem Verständnis nicht als Mittel, um sexuelle Spannungen abzubauen, vielmehr heißt das, auf der menschlichen, persönlichen Ebene das einzigartige Wesen eines anderen Menschen als Person zu erkennen und zu erfassen. Der von Frankl verwendete Begriff »Selbsttranszendenz« weist eine erstaunliche Parallele zu Hermann Hesse auf, der sein berühmtes Gedicht »Stufen« ursprünglich »Transzendieren« genannt hat.

Last but not least fügen wir diesen sieben Prinzipien noch ein halbes hinzu.

7 ½. Hören wir auf, zu jammern.

Wenn wir ehrlich sind, müssen wir zugeben: Jammern wirkt befreiend. Die streitenden Politiker, die einander widersprechenden Gesundheitsexperten, die absurden Versuche, eine globale Pandemie mit wirren Bundesländerverordnungen zu bekämpfen, und vieles mehr bieten verlockende Gelegenheiten, um zu jammern. Auch über das Jammern lässt sich Sinn erzeugen. Gerade in schwierigen Zeiten huldigen manche dem Motto »Gemeinsam geht's uns besser schlecht«. Jammern wir gemeinsam, dann verstärkt das sogar die entlastende Wirkung. Das kann vorübergehend befriedigen, untergräbt in letzter Konsequenz jedoch unsere Fähigkeit zur Selbstbestimmung. Jammern raubt die Möglichkeit, uns von uns selbst zu distanzieren, um neue Perspektiven zu entwickeln, und über uns zu lachen. Man muss eben nicht jede Gelegenheit zum Jammern nützen. Es gibt Unternehmen, die sogenannte »Nicht-Raunzer-Zonen« eingeführt haben. Für Meetings, die dort stattfinden, gelten eigene Spielregeln.

Jammern bestärkt uns darin, nichts ändern zu müssen. Hören wir auf, zu jammern.

»Des Lebens Ruf an uns wird niemals enden …«

»Vater und Sohn sind in den Bergen unterwegs. Plötzlich fällt der Sohn hin, schlägt sich das Knie auf und schreit: ›Aaahhh!!‹ Zu seiner Überraschung hört er eine Stimme irgendwo in den Bergen, die schreit auch: ›Aaahhh!!‹ Neugierig ruft er: ›Wer bist du?‹, und erhält zur Antwort: ›Wer bist du?‹ Dann schreit er in die Berge: ›Ich bewundere dich!‹ Die Stimme antwortet: ›Ich bewundere dich!‹ Verärgert schreit der Junge: ›Du Depp!‹, und erhält zur Antwort: ›Du Depp!‹ Er sieht zum Vater hinüber und fragt: ›Was ist das?‹ Der Vater lächelt: ›Geduld, mein Junge.‹ Und nun ruft der Mann: ›Du bist der Größte!‹ Die Stimme antwortet: ›Du bist der Größte!‹ Der Junge ist überrascht, versteht aber immer noch nicht. Da erklärt der Vater: ›Die Menschen nennen es Echo, aber in Wirklichkeit ist es das Leben. Es gibt dir alles zurück, was du sagst oder tust. Unser Leben ist der Spiegel unseres Handelns. Wenn du dir mehr Liebe in der Welt wünschst, dann sorge für mehr Liebe in deinem Herzen. Wenn du mehr Kompetenz in deinem Team willst, dann lerne selbst weiter. Das gilt für alles, für jeden Bereich des Lebens. Das Leben gibt dir alles zurück, was du ihm gegeben hast. Dein Leben ist kein Zufall. Es ist dein Spiegelbild.‹«[6]

Was sehen wir, wenn wir uns jeden Tag allein und unbeobachtet im Spiegel betrachten? Es ist schon einmal gut, zu wissen, dass uns kein Zyniker oder Charakterschwein entgegengrinst. Auch ein Heiligenschein ist nur bei den wenigsten von uns zu erkennen – und wenn, dann ist es eher die Badezimmerbeleuchtung, die uns erstrahlen lässt. Manchmal sind es ganz banale Gedanken und dann wieder persönliche Zweifel und existenzielle Fragen, die beim Anblick unseres Spiegelbilds hochkommen. Ist es zumindest vorstellbar, dass wir uns einmal vorwerfen könnten, in einer entscheidenden Frage versagt zu haben, gar nicht so sehr durch unser Handeln, sondern durch unser Nicht-Handeln.

»Des Lebens Ruf an uns wird niemals enden …« heißt es in Hermann Hesses Gedicht »Stufen«. Die Angebote, im Leben das Richtige zu tun, sind reichlich. Der erste Schritt ist immer das Erkennen, dass ein Angebot für uns bestimmt ist, und der zweite die Bereitschaft, diese Aufgabe anzunehmen. Im Wort »Berufung« steckt das Wort »Ruf«.

Ehre deinen Vater und deine Mutter, auf dass es dir wohl ergehe auf Erden.

Eine entscheidende Weichenstellung im Leben von Viktor Frankl zeigt seine Wertehaltungen und den Einsatz für andere Menschen. Frankl hatte im Jahr 1941 überraschend doch noch ein Ausreisevisum in die USA erhalten, dessen Gültigkeit auf drei Wochen limitiert war. Die Lage der Juden im Dritten Reich war zu diesem Zeitpunkt schon äußerst bedrohlich. Als Primararzt genoss Frankl damals allerdings noch einen sogenannten »Deportationsschutz«, der ihn und seine Angehörigen vor der Verschleppung in ein KZ absicherte. Er stand vor einem moralischen Dilemma: Sobald er das Ausreisevisum in Anspruch nehmen würde, fiele der überlebenswichtige Deportationsschutz für seine Eltern weg und die Gefahr einer Verschickung ins KZ war unübersehbar. Die Frist für das Visum näherte sich dem Ablaufdatum und Frankl konnte sich noch immer zu keiner Entscheidung durchringen. Als er auf dem Heimweg von der Arbeit am Stephansdom vorbeikam, hörte er aus dem Inneren Orgelmusik. Hoffend auf etwas Ruhe oder gar Klarheit, trat er ein. Juden durften zu dieser Zeit eigentlich keine christlichen Kirchen mehr betreten. Dennoch saß er eine Stunde dort und hoffte auf eine Eingebung, diese blieb aber aus.

Als er in seine Wohnung zurückkehrte, sah er dort ein Stück Marmorstein liegen, das vorher nicht da gewesen war. Sein Vater erzählte ihm von seinem täglichen Spaziergang vorbei an der zerstörten Synagoge, von der er dieses Stück Marmor als Erinnerung mitgenommen hatte. Viktor

Frankl erkannte das Marmorstück nicht sofort. Es stammte aus den zehn Gebotstafeln, und zwar stand darauf das vierte Gebot. Sein Vater begann, dieses auf Hebräisch aufzusagen: »Ehre deinen Vater und deine Mutter, auf dass es dir wohl ergehe auf Erden!« Viktor Frankl war tief betroffen und sah darin einen »Wink des Himmels«. Im selben Augenblick wusste er, wie er zu entscheiden hatte. Neun Monate danach wurde sein Spital geschlossen und sowohl er als auch seine ganze Familie wurden in Konzentrationslager verschleppt, nur seine Schwester war zuvor ausgewandert. Nur jeder vierzigste Konzentrationslagerinsasse überlebte. Viktor Frankl war einer dieser wenigen.[7]

In seiner Rede am Wiener Rathausplatz im Jahr 1988 demaskierte Viktor Frankl den Rassenwahn: »Es gibt nur zwei ›Rassen‹: die Rasse der anständigen Menschen und die Rasse der unanständigen Menschen.« Diese Aussage lässt sich auf alle Parteien, Religionen und Weltanschauungen übertragen. Überall gibt es die Anständigen und die Unanständigen. Die Frage ist nur, auf welche Seite wir uns stellen. Wir leben in keiner Diktatur, sondern in einer der reichsten und offensten Gesellschaften der Welt. Das hat den Vorteil, dass wir weder unser Leben noch unsere Existenz riskieren müssen, wenn wir auf der richtigen Seite stehen wollen. Geschichte passiert immer in der Gegenwart, wir sind nur meist nicht fähig, das zu erkennen. Denn je aufgeheizter die Stimmung ist, desto mehr verschwimmen die Grenzen.

1 Die Mitbegründerin des Viktor Frankl Zentrums, Johanna Schechner, und die Lehrgangsleiterin der Logopädagogik, Annemarie Moser, haben Andreas Salcher bei der Interpretation der Lehre Viktor Frankls zu den Themen »Stress« und »Erschöpfung« unterstützt.

2 Diese fiktive Antwort wurde von Birgitt Hammerl vom Viktor Frankl Zentrum inspiriert.

3 Haddon Klingberg: *Das Leben wartet auf Dich. Viktor und Elly Frankl.* 2002. Facultas.

4 Die Thesen sind entnommen aus Alex Pattakos: *Gefangene unserer Gedanken: Viktor Frankls 7 Prinzipien, die Leben und Arbeit Sinn geben.* 2011. Linde Verlag.

5 Das Tourettesyndrom ist eine angeborene Erkrankung des Nervensystems. Hauptmerkmale sind unwillkürliche Bewegungen (sogenannte Tics, vom französischen »tic« für »nervöses Zucken«) und ebenfalls ticartige Laut- oder auch sprachliche Äußerungen. Zu den einfachen motorischen Tics zählen Augenblinzeln, Naserümpfen, Kopfwerfen oder Grimassenschneiden. Primäre Ticstörungen können weder geheilt noch ursächlich behandelt werden. Es stehen lediglich lindernde Behandlungsansätze zur Verfügung.

6 Die Geschichte stammt aus Alex Pattakos: *Gefangene unserer Gedanken: Viktor Frankls 7 Prinzipien, die Leben und Arbeit Sinn geben.* 2011. Linde Verlag.

7 Diese für ihn besonders wichtige Geschichte hat Viktor Frankl in zahlreichen Interviews und Büchern immer wieder erzählt.

Der Glücksforscher Mihaly Csikszentmihalyi – warum Anstrengung glücklich machen kann und nicht erschöpfen muss

»Wähle einen Beruf, den du liebst, und du brauchst keinen Tag in deinem Leben mehr zu arbeiten.«

Diese Lebensweisheit klingt wunderschön. Sie stammt nur mit Sicherheit nicht von Konfuzius, dem sie fälschlicherweise, vor allem im Internet, zugeschrieben wird. Die Idee, sich einen Job zur Selbstverwirklichung zu suchen, hätte zu Lebzeiten von Konfuzius, der immer wieder die Pflichterfüllung einforderte, als völlig weltfremd gegolten. Das Zitat passt dagegen sehr gut zu dem Glücksforscher Mihaly Csikszentmihalyi, der basierend auf seinen wissenschaftlichen Studien gesagt hat:

»Ich habe Künstler, Musiker, Komponisten, Sportler und Wissenschaftler beobachtet, die ihre Tätigkeit absolut lieben, die nichts anderes tun wollen als das, womit sie sich beschäftigen. Und sie machen das nicht, um später etwas dafür zu bekommen, sie machen es nicht für Geld und auch kaum für Ruhm. Auch die Anerkennung durch die Kollegen ist ihnen nicht das Wichtigste, sie machen es, weil es für sie so wichtig ist, weil es ihnen so viel Freude bereitet und auch so viel Erfüllung bringt und es auf der Welt nichts Vergleichbares gibt. Und was mich dabei am meisten erstaunt, ist, dass diese Art von absoluter Hingabe an etwas, was das Leben lebenswert macht, aus dieser großen Vielfalt an verschiedenen Dingen gewählt werden kann.«[1]

Wer diese Zeilen liest, könnte den Eindruck gewinnen, dass die Tätigkeiten dieser Gruppen an sich mit großer Freude verbunden sind und sich wenig nach Arbeit im klassischen Sinne anhören. Es sind zweifellos Professionen, die in hohem Ausmaß Selbstbestimmung ermöglichen. Andererseits sind gerade bei diesen freien Berufen enorme Anstrengungen notwendig, um darin erfolgreich zu sein oder zumindest davon leben zu können. Die Tätigkeiten selbst sind oft wesentlich eintöniger als in traditionellen Berufen. Denken wir nur an das tägliche stundenlange, einsame Training von Schwimmsportlern, um bestimmte Bewegungsabläufe zu optimieren, an das sogar mit Schmerzen verbundene Üben von Geigern, an die jahrelangen, oft frustrierenden Experimente von Wissenschaftlern.

Der Weg, um tiefe Freude zu empfinden, muss daher nicht immer angenehm sein, im Gegenteil. Meist sind Disziplin und Anstrengung notwendig. Das Besteigen eines herausfordernden Berges ist mit Risiken verbunden, verlangt genaue Planung, intensives Training und die richtige Ausrüstung. Es ist zweifellos angenehmer, stattdessen entspannt mit einem Cocktail an einem wunderschönen Strand zu liegen. Vergnügen ist nichts Negatives, es hat allerdings keinen nachhaltigen Effekt auf unsere langfristige Zufriedenheit.

Das Leben lässt sich an der Größe eines besonderen Augenblicks messen, hat uns Viktor Frankl gelehrt. Über die Sinnhaftigkeit des Lebens entscheiden die Gipfelpunkte und ein einziger Augenblick kann rückwirkend dem ganzen Leben Sinn verleihen. Die Höhe einer Bergkette wird nicht nach irgendeiner Talsohle, sondern ausschließlich nach dem höchsten Berggipfel angegeben. Deshalb erklimmen Menschen die höchsten Gipfel, obwohl ein Waldspaziergang geruhsamer wäre. Andere trainieren monatelang für einen Marathon, obwohl dreißig Minuten lockeres Joggen weniger anstrengend wären. Es sind die besonderen Erfahrungen, die unser Leben in der Rückschau bereichern.[2]

Glücksgefühle widerfahren uns selten durch Zufall. Wir können sie vielmehr selbst erzeugen. Der Glücksforscher Mihaly Csikszentmihalyi bezeichnet das Gefühl, wenn wir gänzlich in einer Tätigkeit aufgehen und die Zeit dabei vergessen, als Flow-Effekt. Er entdeckte diesen zufällig beim Beobachten von spielenden Kindern. Wir alle haben diese Erfahrung selbst am Spielplatz gemacht, wenn uns unsere Mutter mit sanfter Gewalt nach Hause schleppen musste, weil wir völlig das Zeitgefühl verloren hatten. Wir werden von Kindern nie den Satz »Ich kann nur von acht bis 16 Uhr spielen, sonst bekomme ich ein Burn-out« hören.

Wenn wir im Flow sind, erleben wir den Prozess als Fließen von einem Augenblick zum nächsten und spüren irgendwann keine Trennung mehr zwischen uns und der Umwelt. Eines der zentralen Merkmale des Flow ist, dass wir uns diesem Erlebnis um des Zustandes willen hingeben und nicht wegen den damit verbundenen äußeren Belohnungen. In seinem Buch *Das flow-Erlebnis* identifiziert Mihaly Csikszentmihalyi drei Elemente, die gemeinsam die Voraussetzung dafür bilden, dass Flow entstehen kann:

Flow ist das Aufgehen in einer Tätigkeit, die oft mit Anstrengung verbunden ist.

Sinn ist die individuelle Bedeutung, die eine Tätigkeit für uns hat.

Freude, mit der die Genussfähigkeit gemeint ist.

Wenn man sich in Tätigkeiten engagiert, die man selbst als sinnvoll empfindet, dann sind Flow-Erlebnisse möglich. Die Freude, die daraus resultiert, ist der Schlüssel zu einem glücklichen Leben. Was als sinnvoll empfunden wird, ist natürlich individuell verschieden.

Können wir Flow-Erlebnisse auch im Beruf haben?

Im Zusammenhang mit dem Thema »Erschöpfung« drängt sich die Frage auf, ob Flow-Erlebnisse nicht nur in der Kunst oder in der Freizeit erlebt werden können, sondern auch in der beruflichen Arbeit. Der Beantwortung dieser Frage widmet sich Csikszentmihalyi ausführlich in seinem Buch *Flow im Beruf – Das Geheimnis des Glücks am Arbeitsplatz.*[3] Die zahlreichen von ihm zu diesem Thema durchgeführten Studien kommen zu einem klaren Ergebnis: Wir können Flow und somit Freude bei jeder Tätigkeit, eben auch bei anstrengender Arbeit, empfinden. Manche besonders erfolgreichen Unternehmer und Führungskräfte sind sogar überzeugt davon, dass derartige Erfahrungen notwendig sind, um besondere Leistungen in der Wirtschaft zu vollbringen.

Um den Wert des Flow-Erlebens wirklich einschätzen zu können, müssen wir uns bewusst sein, dass alle Tätigkeiten Freude bereiten können, auch wenn es sich um öde Aufgaben handelt, wie sie viele Angestellte täglich verrichten müssen. Es wäre ein verfehltes Verständnis des Flow-Effekts, zu glauben, dass dieser nur in frei gewählten, anregenden Tätigkeiten zu erzielen ist. Im Gegensatz zu unserem Freizeitverhalten würden aber viele Arbeiten ohne Bezahlung nicht getan werden. Natürlich sind daher Geld und Sicherheit im Beruf notwendig. Aber reichen diese extrinsischen Anreize aus?

Zügereinigen als Performance – »Das Shinkansen-Sieben-Minuten-Theater«

Die Firma Tessei ist zuständig für die Reinigung von Japans prestigeträchtigem Shinkansen-Schnellzug. Bis zur Bestellung des neuen Vorstandsvorsitzenden Teruo Yabe hatte Tessei mit großen Problemen zu kämpfen. Es gab massive Beschwerden über die schlechte Reinigung der Züge, trotz strikter Sicherheitsvorgaben stieg die Anzahl der Arbeitsunfälle und die Mitarbeiterfluktuation war hoch.

Die Kunden des Shinkansen zahlen ähnlich hohe Preise wie im Flugzeug und erwarten daher einen entsprechenden Service. Die Herausforderung für die Reinigungstruppe besteht darin, den kompletten Zug innerhalb von sieben Minuten zu reinigen, um ihn bereit für die Weiterfahrt zu machen. Um das zu schaffen, gab es strikte Arbeitsanweisungen, die die genaue Durchführung der Arbeiten bis ins letzte Detail vorschrieben. Es war nicht erlaubt, voneinander zu lernen, sondern die Mitarbeiter hatten sich streng an die Vorgaben ihrer Vorgesetzten zu halten. Dem Reinigungspersonal war es auch nicht gestattet, mit den Fahrgästen am Bahnsteig zu reden.

Hier einige typische Aussagen von Mitarbeitern des Reinigungspersonals von Tessei: »Fahrgäste sagten zu ihren Kindern, dass diese, wenn sie in der Schule nicht brav lernten, einmal so enden würden wie ich. Das war entwürdigend.« »Wir durften Kunden, die nach dem richtigen Zug suchten, nicht helfen. Als ich meinen Vorgesetzten nach dem Grund dafür fragte, antwortete er mir, dass das nicht im Vertrag unserer Firma stand. Mir war der persönliche Kontakt zum Kunden definitiv verboten, was mich sehr enttäuschte.« »Meine Eltern sagten unseren Verwandten nicht, dass ihre Tochter für diese Reinigungsfirma arbeitete, weil sie sich dafür schämten.« »Ich hatte Angst, von Kunden angesprochen zu werden, weil ich kein Vertrauen hatte, eine richtige Antwort geben zu können, deswegen schaute ich den Kunden gar nicht in die Augen.«

Der neue Vorstandsvorsitzende Teruo Yabe startete einen Veränderungsprozess, der die Organisationskultur grundlegend veränderte. Am Ende stand eine neue Philosophie unter dem Motto »Das Shinkansen-Sieben-Minuten-Theater«. An der Spitze des Wertesystems rangiert die Zufriedenheit des Kunden. Deshalb definiert sich Tessei im Gegensatz zur Vergangenheit nicht mehr primär als eine Reinigungsfirma, sondern als Dienstleister, der sich verantwortlich für eine angenehme Reiseatmosphäre seiner Kunden fühlt. Fahrgäste, die den Shinkansen nutzen, sollen ihre Reise in guter Erinnerung behalten. Um diese Mission verwirklichen zu können, werden Teamwork und effektive Kommunikation zwischen den Mitarbeitern ausdrücklich gefördert, zum Beispiel in täglichen Meetings mit dem Ziel, die Arbeitsmethoden ständig zu verbessern. Die neue Unternehmenskultur drückt sich für alle sichtbar dadurch aus, dass die Mitarbeiter alle Fahrgäste unmittelbar nach dem Aussteigen am Bahnsteig verabschieden und ihnen Abfälle sofort abnehmen. Nach Abschluss der Reinigung des Zuges stellen sich die Mitarbeiter vor dem Zug auf und begrüßen die neuen Fahrgäste. Es werden alle Passagiere innerhalb der Bahnstation als Kunden von Tessei behandelt.

Um die Wertschätzung gegenüber den Mitarbeitern auszudrücken, führte Taruo Yabe den sogenannten »Engel-Report« ein. Die oberste Regel für die Gruppenmanager, die diese Berichte verfassen, lautet, sich möglichst auf positives Feedback zu konzentrieren. Der Report wird zweimal monatlich veröffentlicht. Darin geht es um die 99 Prozent der Mitarbeiter, die hervorragende Leistungen erbringen, und nicht um das eine Prozent, das Probleme macht. Die erkannten Schwächen werden natürlich korrigiert, das ist aber nicht Teil des Engel-Reports. Die Aufstiegschancen für jeden Mitarbeiter sind nicht mehr von seinem Vorgesetzten abhängig, sondern jeder kann sich nach zwei Jahren Firmenzugehörigkeit bewerben, was die Fluktuation deutlich gesenkt hat.

Diese Fallstudie der *Harvard Business School*[4] ist sicherlich von der japanischen Mentalität geprägt, zeigt aber dennoch, wie sehr die Werte und die Kultur in einer Organisation verändert werden und selbst wenig wertgeschätzten Tätigkeiten Sinn verleihen können.

Die Erkenntnisse von Viktor Frankl und Mihaly Csikszentmihalyi sind eindeutig: Für ein erfülltes Leben benötigen wir das Gefühl, dass unsere Talente im Beruf voll in Anspruch genommen werden, damit wir unser Potenzial entfalten können. Aus einer längeren Lebensperspektive betrachtet hat die Freude bei der Arbeit, die das Resultat von Anstrengung ist, einen deutlich höheren Wert, als wenn wir nur unseren schnell zu befriedigenden Bedürfnissen nachgehen. Unsere Gesellschaft bewertet den Spaß im Augenblick in der Regel aber höher als das Gefühl und die Freude, die mit echter Anstrengung einhergehen. Hier gibt es eine interessante Parallele zu den Erkenntnissen des Jesuiten Baltasar Gracián, der diese schon vor 370 Jahren niedergeschrieben hat: »Nicht sein Leben mit dem anfangen, womit man es zu beschließen hätte. Manche nehmen die Erholung am Anfang, und lassen die Mühe für das Ende zurück: allein erst komme das Wesentliche, nachher, wenn Raum ist, die Nebendinge. Andere wollen triumphieren, ehe sie gekämpft haben. Wieder andere fangen damit an, das zu lernen, woran wenig gelegen ist, und schieben die Studien, von welchen sie Ehre und Nutzen hoffen, für das Ende ihres Lebens auf. Jener hat noch nicht einmal angefangen sein Glück zu machen, und schon schwindelt ihm vor Dünkel der Kopf. Methode ist unerlässlich zum Wissen und zum Leben.«[5]

Welche Bedingungen müssen gegeben sein, um in der Arbeit Flow erleben zu können?

Csikszentmihalyi hat acht Voraussetzungen definiert, die den Flow fördern:

1. Die Ziele müssen klar sein, um sich voll und ganz auf das jeweilige Vorhaben einlassen zu können.

2. Die Rückmeldung zur Qualität der gerade ausgeführten Aktivität muss unmittelbar erfolgen.

3. Das Anspruchsniveau der gestellten Aufgabe entspricht unseren Fähigkeiten, sodass wir weder über- noch unterfordert sind.

4. Konzentration: Erreicht die Intensität der Fokussierung auf eine Aufgabe ein hohes Niveau, erhöht sich die Wahrscheinlichkeit, dass wir uns vertiefen und in der Tätigkeit aufgehen. Untersuchungen beweisen eindeutig, dass unser Gehirn dagegen beim sogenannten Multitasking ständig zwischen den einzelnen Tätigkeiten hin und her wechselt. Das erzeugt Stress und die Qualität jeder einzelnen Aufgabe leidet.

5. Flow-Erfahrungen lassen sich nur in der Gegenwart machen. Wir können sie nicht für später speichern. Wenn wir einer Aufgabe in der Gegenwart unsere

ungeteilte Aufmerksamkeit widmen, dann haben unsere Alltagsprobleme, die sonst unsere Gedanken beherrschen, keine Chance.

6. Die Beherrschung der Situation und die Überzeugung, dass wir mit unseren Fähigkeiten die Aufgabe bewältigen können, unterscheiden sich von Bedingungen, unter denen wir uns fremdbestimmt und ohne Einfluss empfinden.

7. Das Zeitgefühl verändert sich. Die Zeit wird als schnell verfliegend wahrgenommen, manche Menschen geraten fast in einen tranceartigen Zustand.

8. Das Aussetzen des Ich-Bewusstseins führt dazu, dass wir nicht nur unsere Umgebung und die eigenen Probleme vergessen, sondern sogar unsere Selbstwahrnehmung zeitweise ausbleibt.

Auf einen dieser Faktoren im Zusammenhang mit Erschöpfung wird hier kurz näher eingegangen: Die Handlungsmöglichkeiten und die Fähigkeiten entsprechen einander.

Es ist leichter, sich auf eine schwierige Aufgabe einzulassen, wenn wir davon überzeugt sind, dass wir sie auch bewältigen können. Übersteigt die Anforderung unsere Fähigkeiten, reagieren wir oft mit Angst vor dem Versagen. Unterforderung langweilt uns hingegen. In beiden Fällen verlieren wir die Aufmerksamkeit für die anstehenden

Aufgaben. Die Ursache von Flugzeugunglücken ist fast immer menschliches Versagen.

Ich weiß, wovon ich schreibe, da ich selbst im Jahr 1995 bei einem Flugzeugabsturz aufgrund eines Pilotenfehlers fast mein Leben verloren hätte. Bei Flugzeugunglücken fühlen sich Piloten entweder aufgrund der Verkettung von mehreren plötzlich auftretenden Problemen überfordert, verfallen in Panik und weichen von den eintrainierten Verfahrensweisen ab. Oder das stundenlange eintönige Fliegen mit dem Autopiloten führt dazu, dass sie sich anderen Tätigkeiten widmen, wodurch ihre Aufmerksamkeit so abgelenkt wird, dass sie Alarmsignale zu spät erkennen.

Berufliche Arbeit sollte idealerweise so konzipiert werden, dass sowohl die Handlungsanforderungen als auch das Handlungspotenzial hoch sind und beide in einem ausgewogenen Verhältnis zueinander stehen. Manchen Menschen fällt es schwer, im Alltag oder in der Arbeit diesen Idealzustand zu erreichen, weil sie ihre Arbeit als zu fremdbestimmt oder ihr Familienleben als eintönig empfinden. Daher suchen sie die für sie passenden Herausforderungen eher im Sport oder in ihren Hobbys.

Erschöpfung oder Burn-out sind Phänomene, die meistens im Beruf oder in der Familie auftreten, selten bei noch so anstrengenden Freizeitaktivitäten. Der begeisterte Hobbygärtner, der stundenlang aufwendig seine Pflanzen pflegt, oder der Mountainbiker, der sich völlig verausgabt, klagen selten über Erschöpfung, obwohl diese Tätigkeiten extrem kräfteraubend sind. Wie verhält es sich dagegen mit dem Gärtner, der nicht unbezahlt seinen eigenen Garten pflegt, sondern als Bediensteter im Stadtgartenamt seine acht Stunden täglich ableisten muss? Die Tätigkeit ist die gleiche, aber ist das Engagement vergleichbar?

Offenbar ist es nicht primär der Charakter
einer Tätigkeit, der darüber entscheidet,
ob wir sie freudig ausüben oder lustlos,
ob sie uns erfüllt oder erschöpft.

Menschen besitzen die Fähigkeit, Anregungen in ihrer Umgebung zu entdecken, die von anderen vielleicht gar nicht wahrgenommen werden. Noch unter den schlimmsten Umständen finden Menschen eine Möglichkeit, sinnvolle Aufgaben für sich zu entdecken. Auf die eigenen Kräfte zurückgeworfen haben sogar Gefangene in Einzelhaft gelernt, Denkspiele zu ersinnen und so ihre Aufmerksamkeit anhaltend auf bestimmte Dinge zu richten, um nicht dem Wahnsinn zu verfallen. Berühmt ist dafür zum Beispiel der Klassiker *Schachnovelle* von Stefan Zweig.

Die Studien von Mihaly Csikszentmihalyi dokumentieren, dass grundsätzlich jede Aktivität Flow erzeugen kann. Wer mit der Welt neugierig und engagiert verbunden ist, der wird immer Möglichkeiten entdecken, Sinn und im Idealfall sogar Flow zu erleben. Erschöpfung tritt eher ein, wenn uns Ziele von anderen vorgegeben werden, die uns unter- oder überfordern. Ist die Kluft zwischen unseren Fähigkeiten und dem Anspruchsniveau der Ziele zu groß oder fehlen die notwendigen Ressourcen, um die Ziele auch zu erreichen, enden wir oft im Zynismus. Dann kann uns langfristig selbst die Kompensation durch Geld, Status und Privilegien nicht vor Sinnverlust und Erschöpfung bewahren.

Mihaly Csikszentmihalyi verweist in seinen Publikationen zum Flow explizit auf eine Aussage von Viktor Frankl: Glück erreichen wir nicht dadurch, dass wir uns wünschen, glücklich zu sein. Glück muss sich als nicht beabsichtigte Konsequenz des Arbeitens auf ein Ziel hin einstellen, das größer ist als der Mensch selbst.

Der Glücksforscher Mihaly Csikszentmihalyi ist tot, sein Flow lebt weiter.

Eine persönliche Anmerkung: Es hat mich unendlich traurig gestimmt, dass mein wissenschaftlicher Mentor Mihaly Csikszentmihalyi am 20. Oktober 2021 verstorben ist. Mihaly war ein unglaublich intelligenter und gleichzeitig bescheidener Mensch, den ich oft für meine Bücher in seinem Haus in Claremont in Kalifornien interviewen durfte. Er gehörte zu den wenigen in seiner Familie, die knapp vor dem Ende des Zweiten Weltkriegs aus Ungarn flüchten und somit überleben konnten. Diese bitteren Erfahrungen weckten in Csikszentmihalyi das Interesse für Philosophie, Literatur und Religion.

Durch einen Zufall hörte er als 15-Jähriger einen Vortrag von C. G. Jung in der Schweiz. Von diesem Augenblick an war er von Psychologie fasziniert und ging dann später aufgrund der besseren Studienmöglichkeiten in die USA. Da er seit seinem 14. Lebensjahr gearbeitet hatte, schloss er nie eine Schule ab. In den USA gab es damals aber eine selektive Studienzulassungsprüfung, zu der man auch ohne jedes Schulzeugnis antreten konnte. Er bestand diese aufgrund seiner herausragenden Intelligenz. Danach beschloss er, der Erforschung der Freude sein Leben zu widmen. Weltberühmt hat ihn der Flow gemacht.

In der Trennung in das, was nützlich ist, und das, was Freude machen darf, sah Csikszentmihalyi das Grundübel unserer Gesellschaft. Viel zu früh würden Kinder lernen, innere Freude an dem, was sie tun, mit kurzfristiger Konsumbefriedigung zu verwechseln. Die hohe Anziehungskraft, die Marken auf Kinder ausüben, käme von ihrer Sehnsucht, Teil von etwas zu sein, irgendwo dazugehören zu wollen. Ein Bedürfnis, das in vielen Familien leider keine Erfüllung mehr findet. Daher warnte er zum Beispiel Eltern vor der Bestechungsfalle, indem sie gute Noten mit Geld honorieren, statt ihren Kindern Wertschätzung und Aufmerksamkeit zu schenken.

Gemeinsam mit Martin Seligman schuf Csikszentmihalyi später die Grundlagen der Positiven Psychologie. Diese noch junge Disziplin versucht, mit wissenschaftlichen Methoden die Voraussetzungen menschlichen Wohlbefindens zu untersuchen, um Methoden zu dessen Förderung zu entwickeln. Sie bietet neue Sichtweisen auf wichtige Themen wie Glück, Lebenssinn, Geborgenheit, Verzeihen und Gelassenheit. Gäbe es einen Nobelpreis für Psychologie, Mihaly Csikszentmihalyi hätte diesen zweifellos erhalten.

Geradezu prophetisch ist ein Zitat von ihm: »Die Zeit der Unschuld ist vorbei. Unsere Spezies ist zu mächtig geworden, um sich allein von Instinkten leiten zu lassen. Wir müssen erkennen, welche Motive unser Handeln steuern und welche Rolle wir in der Evolution spielen. Wenn wir auch weiterhin eine Geschichte haben wollen, müssen wir bereit sein, sie zu gestalten.«

1 Aussage von Mihaly Csikszentmihalyi als Referent beim Waldzell Meeting 2004, autorisiert für den *Waldzell Report 2004*.

2 Alex Pattakos: *Gefangene unserer Gedanken: Viktor Frankls 7 Prinzipien, die Leben und Arbeit Sinn geben*. 2011. Linde Verlag.

3 Die Inhalte dieses Kapitels basieren auf den Interviews, die Andreas Salcher mit Mihaly Csikszentmihalyi in Claremont geführt hat, sowie auf dessen Büchern *Das flow-Erlebnis, Flow im Beruf – Das Geheimnis des Glücks am Arbeitsplatz, Kreativität – Wie Sie das Unmögliche schaffen und Ihre Grenzen überwinden* und *Dem Sinn des Lebens eine Zukunft geben*.

4 Ethan Bernstein und Ryan W. Buell: *Trouble at Tessei*. 2015. Harvard Business School.

5 Andreas Salcher: *Erkenne dich selbst und erschrick nicht*. 2013. Ecowin.

Die Weisheit des Benediktinermönchs David Steindl-Rast – wie können wir für den aktuellen Zustand der Welt dankbar sein?

»Nicht das Glücklichsein führt zur Dankbarkeit, sondern das Dankbarsein zum Glücklichsein.« Das ist die zentrale Weisheit des Benediktinermönchs David Steindl-Rast. Doch eine Frage drängt sich natürlich sofort auf: Wie können wir für den aktuellen Zustand der Welt dankbar sein?

David Steindl-Rast, genannt Bruder David, antwortet darauf sinngemäß: Dankbarkeit setzt voraus, dass wir dem Leben vertrauen. Wenn wir mit Lebensvertrauen auf das zugehen, vor dem wir am meisten Angst haben, dann wird es für uns zu einer Tür oder einem Durchgang zu etwas ganz Neuem. Im Rückblick sind Krisen oft Türen zu einer wichtigen Entwicklung, die wir dann gemacht haben. Angst kommt von Enge. Die Angst streckt unsere Borsten vor der Türe aus, da wollen wir nicht hinein und daher bleiben wir im Durchgang stecken. Dagegen, wenn wir die Borsten einziehen, obwohl wir Angst haben, treibt uns der Fluss des Lebens durch den Durchgang zum Neuen. Wir dürfen nicht vergessen, dass wir schon bei der Geburt aus einer paradiesischen Geborgenheit durch einen engen Durchgang in eine neue, aufs Erste erschreckende Umwelt gekommen sind. Diese Engpässe gibt es dann immer wieder in unserem Leben. Sie können so schlimm sein, dass

Menschen sich beim Gedanken ertappen: »Gott sei Dank muss ich nicht mehr so lange leben, um die massiven Auswirkungen des Klimawandels noch zu erleben. Aber was ist mit meinen Kindern?« Die Angst ist der Engpass und das Lebensvertrauen hilft uns, diesen zu durchqueren. Die Dinge im Leben passieren meist anders, als wir es erwarten, doch das Lebensvertrauen kann nie enttäuscht werden.

Dankbarkeit ist mehr als Bedanken. Im Bedanken steckt das Denken. Dankbarkeit geschieht vor dem Denken. Die folgenden Worte von Bruder David können dir eine andere Sichtweise ermöglichen, die nicht nur im Denken liegt, wenn du dich darauf einlässt[1]:

Dankbarkeit ist die spontane Antwort des Herzens auf das unentgeltlich Gegebene. Diese Dankbarkeit löst Energie aus. In der Lücke zwischen der Überraschung und dem ersten Gedanken nimmt die mächtige Woge einer Intelligenz, die weit über den Gedanken hinausgeht, Besitz von uns. Wir können unser Denken zu einem Werkzeug dieser schöpferischen Intelligenz machen, die stetig die Welt hervorbringt und erhält. Wenn wir uns dieser gütigen Kraft bereitwillig öffnen, hat sie die Kraft, alles zu ändern, was nicht mit ihr in Einklang ist. Dankbarkeit ist Denken im Einklang mit der kosmischen Intelligenz, die uns in dankbaren Augenblicken inspiriert. Sie kann mehr als eine Stimmung verändern, sie kann die Welt verändern.

Das scheint vielleicht mehr als zweifelhaft, wenn wir uns umsehen und sehen, was wir aus der Welt gemacht haben: »Die Dinge fallen auseinander«, sagte der irische Dichter William Butler Yeats. Über die Welt wurde eine

»von Blut getrübte Flut losgerissen« und angesichts dieser Flut von Gewalt »mangelt es den Besten an jeglicher Überzeugung, während die Schlimmsten voll von zorniger Heftigkeit sind«. Dankbarkeit? Das bloße Wort scheint äußerst fehl am Platz, unter diesen Umständen sogar beleidigend. Und doch sprechen wir von »gegebenen« Umständen.

Aber was könnte in diesem bestimmten Moment der Geschichte das Geschenk sein? Das in unserer beispiellosen Weltkrise verborgene Geschenk ist eine ebenso beispiellose Gelegenheit. Das Geschenk in jedem Geschenk ist die Gelegenheit. Für uns ist es in diesen Tagen die Gelegenheit, aufzuwachen und uns des Wahnsinns dieser Gewalt und Gegengewalt bewusst zu werden. Viel zu lange konnten wir den Teufelskreis von Gewalt gegen Gewalt ignorieren, der internationalen wie der häuslichen, unserer eigenen wie der von anderen. Machen wir uns nichts vor: Die höchste Gefahr ist die Gewalt selbst, unabhängig davon, wer sie verübt, Terroristen oder Staaten. Keine Rhetorik, kein Zurechtbiegen kann noch länger die Tatsache verschleiern, dass Gewalt Gewalt erzeugt. Wir müssen diesen Kreislauf von Wahnsinn durchbrechen.

Gewalt hat ihre Wurzeln in jedem Herzen. Ich muss Angst, Aufhetzung, Kälte, Abneigung, blinde Wut und Vergeltungsdrang in meinem eigenen Herzen erkennen. Hier, in meinem Herzen, kann ich Angst in mutiges Vertrauen umwandeln, Aufhetzung in Stille, Verwirrung in Klarheit, Isolation in ein Bewusstsein von Zugehörigkeit, Abneigung in Liebe und irrationales Verhalten in gesunden Menschenverstand. Die schöpferische Intelligenz der

Dankbarkeit wird jedem von uns eingeben, wie diese Aufgabe anzugehen ist.

Bruder David schlägt fünf kleine Gesten vor, die er selbst erprobt hat. Sie sind klein, aber gerade deshalb wirkungsvoll und sie können einen Welleneffekt auslösen, um der Gewalt entgegenzuwirken:

Alle Dankbarkeit drückt Vertrauen aus. Misstrauen wird ein Geschenk nicht einmal als Geschenk erkennen. Wer kann beweisen, dass es nicht ein Köder, eine Bestechung oder Falle ist? Dankbarkeit hat den Mut, zu vertrauen, und damit wird die Angst überwunden. Die ganze Luft wurde dieser Tage durch Ängstlichkeit aufgeladen, eine durch Politiker und Medien geförderte Ängstlichkeit. Hier liegt unsere größte Gefahr: Angst erhält Gewalt aufrecht. *Biete allen Mut deines Herzens auf: Sag heute einem ängstlichen Menschen ein Wort, das ihm Mut gibt.*

Weil Dankbarkeit Mut ausdrückt, verbreitet sie Ruhe. Diese Art Ruhe ist sehr im Einklang mit tiefen Gefühlen. Tatsächlich verrät eine durch die Medien geförderte Massenhysterie vielmehr eine krankhafte Neugier als ein tiefes Gefühl, vielmehr oberflächliche Hetze als einen tiefen Strom von Mitgefühl. Aufrichtig Mitfühlende sind ruhig und stark. *Fasse den klaren Vorsatz, nie Geschichten und Gerüchte weiterzuerzählen, die Angst verbreiten. Sei ruhig und verbreite Ruhe.*

Wenn du dankbar bist, ist dein Herz offen – offen gegenüber anderen, bereit für Überraschung. Wenn Katastrophen geschehen, sehen wir oft eindrückliche Beispiele dieser Offenheit: Fremde helfen Fremden, oft heldenhaft.

Andere wenden sich ab, isolieren sich, wagen noch weniger als sonst, aufeinander zu schauen. Gewalt beginnt mit Isolierung. Durchbrich dieses Muster. Schaffe einen Kontakt zu Menschen, die du normalerweise ignorierst, zumindest einen Augenkontakt: mit der Kassiererin im Supermarkt, mit jemandem im Aufzug, mit einem Bettler. *Schau heute einem Fremden in die Augen und erkenne, dass es keine Fremden gibt.*

Du kannst dich entweder dankbar oder ausgeschlossen fühlen, aber nie beides zur gleichen Zeit. Dankbarkeit überwindet Entfremdung. Im Herzen gibt es keinen Platz für beides. Wenn du dankbar bist, weißt du, dass du zu einem Netzwerk von Geben und Nehmen gehörst und zu dieser Zugehörigkeit sagst du Ja. Dieses Ja ist die Grundlage der Liebe. Du brauchst keine Worte, um dies auszudrücken, ein Lächeln genügt, um dein Ja in die Tat umzusetzen. Es spielt für dich keine Rolle, ob das Lächeln vom anderen erwidert wird oder nicht. *Schenke heute jemandem ein unerwartetes Lächeln und trage so deinen Teil zum Frieden auf der Erde bei.*

Was deine Dankbarkeit für dich selbst bewirkt, ist ebenso wichtig wie das, was sie für die anderen bewirkt. Dankbarkeit verstärkt dein Zugehörigkeitsbewusstsein. Dieses Zugehörigkeitsbewusstsein wiederum verstärkt deinen gesunden Menschenverstand – der jedoch zu oft mit einer durch sture Gewohnheit festgelegten Denkweise verwechselt wird. Wahrhaft gesunder Menschenverstand und Dankbarkeit sind in ihrer Aufgeschlossenheit alles andere als festgelegt. Gesunder Menschenverstand ist bloß ein anderer Name für das mit der kosmischen Intelligenz vermählte Denken. Dein Ja zur Zugehörigkeit bringt dich in Einklang mit den gemeinsamen Anliegen, die von allen Menschen, allen Wesen für diese Sache geteilt werden. In einer Welt, die wir gemeinsam tragen, macht nichts Sinn außer der gesunde Menschenverstand. Wir haben nur einen Feind: Unser gemeinsamer Feind ist die Gewalt. Der gesunde Menschenverstand sagt uns: Gewalt können wir nur beenden, wenn wir aufhören, gewaltsam zu handeln. Krieg ist kein Weg zum Frieden. *Höre die Nachrichten von heute und überprüfe wenigstens eine Sache mit deinem gesunden Menschenverstand.*

Können wir Dankbarkeit lernen?

Warum tun sich manche Menschen schwerer als andere, dankbar auf ihr Leben zu blicken? Dankbarkeit ist zu einem bestimmten Prozentsatz genetisch veranlagt. Das hat zur Folge, dass Menschen mit einer höheren Glücksveranlagung selbst in einer Krise eher die positiven Aspekte sehen als andere. Die Glücksforschung bestätigt jedenfalls die Erkenntnisse von Viktor Frankl, Mihaly Csikszentmihalyi und Bruder David, dass dauerhaftes Glück nicht von positiven oder negativen äußeren Ereignissen abhängt, sondern davon, wie man diese für sich verarbeitet.

Verbindet man die Überzeugung von Bruder David, dass ein glückliches Leben eine Folge von bewusster Dankbarkeit ist, mit den Forschungsergebnissen von Mihaly Csikszentmihalyi, so starten Menschen – wie auch in anderen Bereichen des Lebens – bei der Dankbarkeit von unterschiedlichen Ausgangsniveaus. Trotzdem können wir alle lernen, dankbar zu leben, weil unser Gehirn auch noch im Alter formbar ist und sich neue Synapsen bilden können. Die Schlüsselfrage lautet: Wie können wir anfangen?

Dankbar sein zu können, funktioniert nicht durch Autosuggestion. Versuchen wir, uns krampfhaft einzureden, dankbar zu sein, wird es an der Oberfläche bleiben, etwa so, als würden wir uns für einen Sprachkurs anmelden, dann aber nie hingehen. Dankbar zu leben, ist keine Methode, sondern eine Haltung zum Leben, die man sich erarbeiten kann. Eine einfache Möglichkeit ist der erste Gedanke unmittelbar nach dem Aufwachen, wenn die Augen noch geschlossen sind. Schon Jean-Jacques Rousseau hat geschrieben: »Alle Morgen muss man es eine Viertelstunde betrachten, so lange, bis man sich von einer gewissen Rührung durchdrungen fühlt. Darauf hält man es an die Augen, an den Mund, an das Herz.«

Es gibt viele einfache Möglichkeiten, dieses Leben im Jetzt zu üben. So empfiehlt uns Bruder David, jeden Tag eine Viertelstunde früher aufzustehen, um etwas Zeit für uns selbst zu gewinnen. Zeit, in der wir nichts Produktives zu tun brauchen. An dieser zusätzlichen Zeit können wir uns einfach erfreuen, in ihr nur das tun, was wir genießen wollen. Manche hören Musik, tanzen und singen vielleicht sogar dazu, andere meditieren und wieder andere trinken ganz bewusst und völlig ungestört ihren Kaffee oder Tee. Diese kurze Einstimmung und Begrüßung des neuen Tages erdet uns in uns selbst, bevor wir uns dem Notwendigen des Tagesablaufs hingeben.

Hyperintention – wenn wir selbst unserem Erfolg im Weg stehen

Das Gegenteil der Haltung »Schaue dankbar auf das, was ist, und nicht nur auf das, was du unbedingt erreichen willst« nennt Viktor Frankl »Hyperintention«. Wir wollen gefallen, gut arbeiten, effizient sein in unserem Tun. Dabei scheitern wir oft genau dann, wenn wir andere unbedingt beeindrucken wollen. Das ist die Folge, wenn wir Selbstverwirklichung mit Selbstoptimierung verwechseln und dadurch wieder in der Fremdbestimmung landen. Unsere Gedanken sind dann nicht bei der Sache selbst, was die Voraussetzung wäre, um Freude schon im Tun zu erleben und nicht erst beim Resultat. Wir sind dann besessen vom Ergebnis und übersehen dabei den Erfolg, den wir eigentlich anstreben. »Ich habe zu sehr darauf bestanden, dass alles auf meine Art erledigt wurde, und damit die Kollegen vor den Kopf gestoßen, ohne die ich das Ziel nicht erreichen konnte. Ich war so besessen vom ›richtigen‹ Weg und inzwischen ist mir klar, dass ich in meinem Übereifer die Beiträge der anderen einfach vom Tisch gewischt und natürlich unterschwellige oder sogar offene Sabotage provoziert habe. Auf eine ganz paradoxe Art war ich selbst mein ärgster Feind geworden und habe es damals noch nicht einmal gewusst!«[2]

Wenn wir uns einen bestimmten Erfolg so sehr herbeisehnen, dass wir die Beziehungen übersehen und vernachlässigen, die ein integraler Bestandteil auf dem Weg zu diesem Ziel sind, dann säen wir die ersten Keime des

Misserfolgs in unser Tun. Für Bruder David liegt genau in der Erwartung, dass das Leben unsere Wünsche erfüllt, die Wurzel der Enttäuschung. Selbst wer sich der Gefahr, sich von seinen Erwartungen treiben zu lassen, bewusst ist, gerät trotzdem manchmal auf die Gegenfahrbahn zum dankbaren Leben.

Das Gegenteil von Dankbarkeit ist,
alles als selbstverständlich zu betrachten.

»Aufstehen, Straßenbahn, Büro, Essen,
Arbeit, Essen, Schlafen, Montag, Dienstag,
Mittwoch, Donnerstag, Freitag, immer derselbe
Rhythmus – das ist sehr lange ein bequemer Weg.
Eines Tages aber steht das Warum da und mit
diesem Überdruss, in den sich Erstaunen
mischt, fängt alles an.«

Albert Camus

Erst indem wir Überraschungen in unser Leben hereinlassen, eröffnen wir uns viele Möglichkeiten, uns zu freuen. Überraschung ist noch nicht Dankbarkeit, aber mit ein bisschen gutem Willen wächst sie von ganz allein zur Dankbarkeit heran. »In unserer täglichen Geschäftigkeit stumpfen unsere Sinne ab. Unser Trommelfell wird oft dermaßen bombardiert, unsere Geschmacksnerven werden überfahren und unsere Nahrung ist so fett, dass wir gar nichts mehr richtig hören und überhaupt nicht mehr schmecken, was wir essen. Ohne Sinne finden wir aber keinen Sinn. Ohne Sinne gibt es keine Erkenntnis und Erfahrung. Schauen und Hören, Schmecken und Riechen sind wesentliche Orte unserer Spiritualität. Das Schlüsselwort für meinen Zugang zu Spiritualität heißt Horchen, damit ist eine besondere Art des Horchens gemeint, das Hinhorchen des Herzens.«[3]

Für den Theologen und Psychotherapeuten Arnold Mettnitzer verbindet ein einzigartiges anatomisches Phänomen den Kehlkopf, der unsere Stimme ertönen lässt, mit unserem Herz. Gewöhnlich nehmen alle vom Gehirn ausgehenden, sogenannten »effektiven« Nervenbahnen den kürzesten Weg hin zu jenen Muskelregionen, die eine bestimmte Bewegung ausführen sollen. Bei jenen Nerven jedoch, die die Bewegungen der Kehlkopfmuskulatur und damit den Klang der Stimme formen, gibt es einen Strang, der sonderbarerweise zunächst bis zum Herz verläuft und dann erst weiter zum Kehlkopf. Mettnitzer erkennt darin eine fantastische Chiffre der Natur: ohne Herz keine Stimme, kein Klang. In jedem durch den ausströmenden Luftzug erklingenden Ton, in jedem Klang der Stimme schwingt und wirkt unser Herz auf wundersame Weise mit.

Mit dem Dreischritt »Stop. Look. Go.« unsere Sinne schärfen

Innehalten, dann schauen, welche Gelegenheiten das Leben anbietet, und es dann wirklich tun, schlägt Bruder David vor.

Es ist so leicht, sich unverzüglich mitten in irgendwas hineinzustürzen, das man sich vorgenommen hat, ohne bewusst damit zu beginnen. Jeder bewusste Anfang beginnt mit einem Innehalten, auch wenn es nur für den Bruchteil einer Sekunde ist. Tun wir das nicht, werden wir einfach mitgerissen. Statt achtlos und eilig an Blumen oder Bäumen vorbeizugehen, sollten wir stehen bleiben, uns Zeit nehmen und uns daran erfreuen.

Der zweite Schritt ist das Hinschauen. Wenn wir nicht hinschauen, dann nützt uns auch das Anhalten nichts. Es heißt, der Narr macht immer wieder denselben Fehler, ein Weiser hingegen jedes Mal einen neuen. Wir können Fehler nicht gänzlich verhindern, aber wir können diejenigen vermeiden, die wir schon einmal begangen haben. Dummerweise neigen wir dazu, genau das zu übersehen, was wir nicht sehen wollen. Ehrliches Hinschauen kann gelernt werden.

Drittens müssen wir weitergehen. Es hilft uns nichts, anzuhalten, wenn wir nicht hinschauen, und es nützt nichts, hinzuschauen, wenn wir dann nicht auch gehen. Das »Go« ist die Freude daran. Und schlussendlich müssen wir handeln.

Dieser Dreischritt aus »Stop. Look. Go.« erlaubt uns, vertrauensvoll aufs Leben zuzugehen, mit dem Leben zusammenzuarbeiten, statt uns dagegen aufzulehnen.[4]

Wie esoterisch ist Google?

Wenn sich diese Themen und Übungen für dich esoterisch anhören, sei darauf hingewiesen, dass viele meiner Gesprächspartner von diesen Momenten der Achtsamkeit erzählt haben, die für sie in schwierigen Zeiten Kraftquellen waren.

Google ist ein hochprofitables Technologie-Unternehmen und sicher kein Tempel der Spiritualität. Es dominieren dort vor allem die Spezialisten der digitalen Welt. Vielleicht erfreut sich gerade deshalb das Programm »Search Inside Yourself« so großer Beliebtheit. Dieses Angebot, ursprünglich nur für Mitarbeiter, wurde von dem Google-Veteranen Chade-Meng Tan zusammen mit renommierten Wissenschaftlern wie Jon Kabat-Zinn und Daniel Goleman entwickelt.

Kern des Acht-Wochen-Kurses ist ein leicht umsetzbares Achtsamkeitskonzept, das auf drei einfachen Prinzipien basiert: Aufmerksamkeitstraining, Selbsterkenntnis sowie Aneignung nützlicher geistiger Gewohnheiten. Aufgrund des großen Interesses außerhalb von Google entstand das gemeinnützige *Search Inside Yourself Leadership Institute* (SIYLI). Mittlerweile hat sich das SIYLI zu einer global anerkannten Organisation entwickelt. Mehr als 100.000 Menschen in circa fünfzig verschiedenen Ländern haben bereits an dem auf zwei Tage komprimierten Programm teilgenommen. Das Ziel ist immer noch, die mentale Gesundheit der Teilnehmer zu fördern, sie zu motivieren und so auch ihre Arbeit an sich selbst, im Team und in Organisationen zu verbessern. Es geht in dem Programm weniger darum, perfekte Leistungen zu erbringen, sondern es soll dazu ermutigen, als authentische Person sein Bestes zu geben.[5]

Zurück zur Ausgangsfrage dieses Kapitels: Wenn du noch immer Zweifel daran hast, wie man für Hunger und

Kriege in der Welt, für einen lieblosen Partner, für die ungerechtfertigte Kündigung oder auch nur für die dramatisch gestiegenen Preise dankbar sein kann, dann bist du nicht alleine. Als Mihaly Csikszentmihalyi das erste Mal vom Konzept der Dankbarkeit hörte, dachte er sich: »Was ist das für eine dumme Idee?« Es zeigte sich aber gerade in seinen wissenschaftlichen Studien im Rahmen der Positiven Psychologie, dass viele der sogenannten traditionellen Tugenden wie Dankbarkeit entscheidend für Glück und Erfolg sind. Aus welchen Gründen auch immer entsprechen sie mehr als nur Wunschdenken. Damit finden viele Erkenntnisse der alten Weisheitslehren der Menschheit durchaus ihre empirische Bestätigung. Dankbarkeit ist ein zentrales Element unserer Glücksfähigkeit, auch wenn uns der Weg dorthin oft schwerfällt.

Rainer Maria Rilke ist der Lieblingsdichter von Bruder David. Daher sei dieses Kapitel mit einem Gedicht von Rilke aus *Das Stunden-Buch* vollendet. Es handelt von der Widersprüchlichkeit in unserem Leben, von Erfolg und Scheitern, von Hoffnung und Enttäuschung, von Lebensfreude und Einsamkeit. Dankbarkeit und Groll liegen oft nahe beieinander. Zwischen diesen Polen pendelt unser Leben. Die Lärmenden, das sind offenbar die unterschiedlichen Stimmen in uns, die uns im Wettstreit miteinander den Frieden rauben. Doch wer ist mit dem »Gastgeber« in dem Gedicht gemeint, der uns an sanften Abenden empfängt?

»Wer seines Lebens viele Widersinne
versöhnt und dankbar in ein Sinnbild fasst,
der drängt die Lärmenden aus dem Palast,
wird anders festlich und du bist der Gast,
den er an sanften Abenden empfängt.

Du bist der Zweite seiner Einsamkeit,
die ruhige Mitte seinen Monologen;
und jeder Kreis, um dich gezogen,
spannt ihm den Zirkel aus der Zeit.«

Rainer Maria Rilke

Meine persönliche Beziehung zu Bruder David

David Steindl-Rast, genannt Bruder David, ist ein einfacher Mönch. Bevor er Benediktiner wurde, studierte er Kunst, Anthropologie und Psychologie in Wien. 1965 beauftragte ihn der Vatikan damit, sich auf dem Gebiet des interreligiösen Dialogs zwischen dem Christentum und dem Buddhismus zu engagieren. Um diese Mission erfüllen zu können, lebte und studierte Bruder David viele Jahre im ersten amerikanischen Zen-Kloster in Tassajara, das vom berühmten Zen-Meister Shunryu Roshi gegründet wurde.

Ich lernte Bruder David im Jahr 2007 beim vierten Waldzell Meeting im Stift Melk kennen, an dem Nobelpreisträger, Künstler und auch der Dalai-Lama teilgenommen haben. Selten zuvor hat mich ein Mensch so geprägt wie

Bruder David, der seit damals mein spiritueller Mentor ist. Was macht ihn so besonders?

Man spürt, dass er lebt, was er sagt. Seine Spiritualität ist nicht abgehoben, sie ist konkret. Sie ist sichtbar, wenn man ihm in die Augen blickt, sie ist hörbar, wenn er spricht und seine Stimme berührt, weil man sich sofort mit seinem Herzen verbunden fühlt.

Ich gehöre zu jenen, die mit der Kirche als Institution spirituell nie viel anfangen konnten. Ich sehe mich eher als Suchenden denn als praktizierenden Gläubigen. Bruder David war der Erste, der mich einen Hauch davon spüren ließ, was das Prinzip von Jesus gewesen sein muss, was echte Menschenliebe bedeutet. Er lebt das halbe Jahr im kleinen Benediktinerkloster Gut Aich in St. Gilgen am Wolfgangsee. Die andere Hälfte jedes Jahres reist er um die Welt und hält Vorträge auf allen Kontinenten. Während der Pandemie unterstützte er das Bildungsprojekt »Presencia« in Argentinien. Dessen Ziel bestand darin, glückliche Lehrer für das Schulsystem zu schaffen, weil glückliche Lehrerinnen und Lehrer in der Folge glückliche Kinder und Eltern bedeuten. Dieses Konzept hat so gut gegriffen, dass mittlerweile bereits Zehntausende argentinische Lehrpersonen entsprechend ausgebildet wurden und diese Geisteshaltung an ihren Schulen etablieren.

Im November 2021 durfte ich Bruder David wieder im Kloster Gut Aich treffen, um mir seinen Rat für mein Projekt »Österreichs Aufbruch zu einer lernenden Nation« zu holen. Er war mittlerweile 95 Jahre alt geworden, trotzdem geistig hellwach und rüstig genug, um mich und meinen

Begleiter, den Kulturmanager Guido Reimitz, an der Klosterpforte zu empfangen. Gleich am Anfang erzählte er uns, dass die Achtziger die besten Jahre in seinem Leben waren. Seit dem Neunziger spüre er das Alter dann doch sehr, er versuche aber trotzdem noch, neugierig und dankbar zu sein. Ich weiß nicht, wie Bruder David es macht, aber nach unseren persönlichen Begegnungen empfinde ich einfach immer den Wunsch, ein etwas besserer Mensch zu werden.[6]

1 Das Original des Textes von Bruder David ist der deutschsprachigen Website www.gratefulness.org entnommen. Dort findet sich auch die empfehlenswerte »Silent Peace Meditation with Br. David«.

2 Alex Pattakos: *Gefangene unserer Gedanken: Viktor Frankls 7 Prinzipien, die Leben und Arbeit Sinn geben*. S. 134. 2011. Linde Verlag.

3 David Steindl-Rast: *Musik der Stille: Die Gregorianischen Gesänge und der Rhythmus des Lebens*. S. 61 ff. 2008. Herder.

4 Ebenda. S. 76.

5 Chade-Meng Tan: *Search Inside Yourself: Optimiere dein Leben durch Achtsamkeit*. 2015. Goldmann.

6 Die Gespräche von Andreas Salcher mit Bruder David sind kostenlos auf seinem Podcast »Lebensbildung für neugierige und lernende Menschen« verfügbar. Dafür gibt es mehrere Möglichkeiten: auf YouTube, auf dem Smartphone mit der App »Podcast« oder über seine Website www.andreassalcher.com/podcast/.

Der Sinnsucher, der Glücksforscher und der Mönch – drei gemeinsame Wertehaltungen als Schutzschild gegen die Krisen in einer veränderten Welt

Die größten gemeinsamen Nenner von Viktor Frankl, Mihaly Csikszentmihalyi und Bruder David sind ihr humanistisches Menschenbild und die Überzeugung, dass der Mensch mit seinem freien Willen sein Leben wesentlich beeinflussen kann.

Diese Vorbemerkung ist von Bedeutung, zumal die Idee des freien Willens philosophisch, psychologisch, theologisch und genetisch umstritten ist. So beweisen die spektakulären Versuche der Hirnforschung seit den Achtzigerjahren, dass der Impuls, eine Hand zu bewegen, im Gehirn stattfindet, bevor man sich dazu bewusst entscheidet. Das ist nur ein Beispiel für die Diskussionen, die sich letztlich immer um die Grenzen der Freiheit unserer Willensentscheidungen drehen. Lehnt man die Idee des freien Willens völlig ab, dann entzieht man damit der gemeinsamen Gewissheit von Frankl, Csikszentmihalyi und Bruder David, dass wir zumindest in unseren Gedanken die Macht haben, unsere Reaktion auf die äußeren Umstände zu wählen, die Grundlage. Dieses Buch bezieht klar Stellung:

Die Überzeugung, dass wir mit unserem Willen unsere Entscheidungen beeinflussen können, ist eine sich selbst erfüllende Prophezeiung.

Je mehr wir daran glauben, umso selbstbestimmter entscheiden wir. Es hat viele Vorteile, wenn wir uns nicht als Opfer der Umstände sehen und anderen dafür die Schuld geben. Es gibt schlimme Tage, an denen wir Ängste, Unzufriedenheit oder Druck spüren. Unser freier Wille ist kein Schalter, den wir bloß umlegen müssen und unsere unbehaglichen Gefühle lösen sich sofort in Luft auf. Wenn wir uns dabei ertappen, dass wir uns unseren negativen Fantasien lustvoll hingeben, hilft es, uns von außen zu betrachten und uns eine Frage zu stellen: »Was passiert da gerade mit mir?«

Wir können uns von uns selbst distanzieren, um neue Sichtweisen zu entwickeln, und über uns lachen, hat Viktor Frankl gesagt. Wenn ein Tag mit vielen Aufgaben auf uns wartet, können wir versuchen, den Fokus von »Wie hole ich heute am meisten aus diesem Tag heraus?« auf »Wie kann ich jemanden heute ein wenig glücklicher machen?« zu verschieben, lehrt uns Bruder David. Wir alle haben unsere eigenen Methoden, mit solchen Situationen umzugehen, und sie sind nicht immer erfolgreich. Wichtig für unsere Zufriedenheit ist das Bewusstsein, dass wir zumindest das Gefühl, mit dem wir den Tag beginnen, beeinflussen können. In der Summe werden wir dann deutlich mehr gute Tage erleben, selbst wenn sie schlecht begonnen haben.

Wer seine Persönlichkeit verändern will, muss lernen, seine Aufmerksamkeit in neue Bahnen zu lenken, andere Dinge wahrzunehmen und Dinge anders wahrzunehmen.

Werte können ein starker Schutzschild gegen Stress und Überforderung sein.

Der Psychiater Viktor Frankl, der Forscher Mihaly Csikszentmihalyi und der Benediktinermönch Bruder David kommen aus verschiedenen Disziplinen und haben in ihrem Leben sehr unterschiedliche Erfahrungen gemacht. Trotzdem teilen sie eine tiefe Erkenntnis, die wir als eine Art ewige Weisheit verstehen können. Die drei verbindet die Überzeugung, dass der Mensch nicht von vornherein mit dem Defekt des Unglücks belastet, sondern im Laufe seiner Evolution mindestens ebenso stark mit einer Form von Glücksprogrammierung ausgestattet worden ist.

Damit wir an uns arbeiten können, brauchen wir zuallererst ein solides Fundament: ein stabiles Wertesystem. Unsere eigenen Werte genau zu kennen, hilft uns gerade in Zeiten der Erschöpfung und Krisen:

Was ist dir am wichtigsten in deinem Leben? Wenn du das weißt, gelingen Entscheidungen leichter. Stehen beispielsweise Liebe und Beziehungen bei dir an erster Stelle, fällt der Abschied vom gut bezahlten, aber nervtötenden Job leichter.

Werte können ein starker Schutzschild gegen Stress und Überforderung sein. Frankl, Csikszentmihalyi und Bruder David betonen diese Ansicht in ihren Werken immer wieder. Und noch wichtiger: Sie haben diese Haltung in ihren eigenen, durchaus turbulenten Lebensgeschichten vorgelebt. Liest man ihre Biografien, dann hat sich ihr optimistisches Weltbild trotz aller Krisen und Enttäuschungen nicht verändert. Bei ihren Lehren handelt es sich um universelle Botschaften, die uns allen helfen können, ein zufriedeneres, sinnvolleres und letztendlich glückliches Leben zu führen.

Drei Haltungen erleichtern es uns, ihre Erkenntnisse für uns praktisch nutzbar machen zu können:

1. Das offene Herz

Alle drei begegnen dem Leben mit einem offenen Herzen. Mit fast kindlicher Neugier reagieren sie unvoreingenommen auf alles, was kommt, und sehen darin grundsätzlich eine positive Möglichkeit.

Bei allen dreien bedeutet das in erster Linie, Vertrauen ins Leben zu haben. Wer vertraut, fühlt sich gestärkt und beruhigt. Stärke und Ruhe – genau das brauchen wir, wenn wir uns vom Leben erschöpft fühlen.

Ein offenes Herz ist kein Persönlichkeitsmerkmal, das manche haben und andere eben nicht. So hart das klingen mag, die meisten von uns müssen sich eine dem Leben gegenüber vertrauensvolle Haltung erst erarbeiten.

Vielleicht hilft es, für sich zu erkennen, dass fast alle Menschen ein Leben lang an sich arbeiten müssen, um glücklicher zu leben. Die Persönlichkeitsformung ist ein Prozess, der nie ganz endet. Und wie wir dank der Hirnforschung wissen, ist sie bis ins hohe Alter möglich. Es ist nie zu spät, sich zu einem sich selbst erkennenden Menschen zu entwickeln.

Viele Menschen sind in ihrer Familie nicht mit echtem Vertrauen aufgewachsen. Sie haben eine Kindheit mit unzureichender finanzieller Sicherheit oder wenig emotionaler Geborgenheit erlebt. Das bedeutet aber nicht, dass sie später ein Leben in Unsicherheit verbringen müssen, in dem sie den Mitmenschen und den ständig wechselnden Umständen voller Misstrauen begegnen.

Viktor Frankl führt uns vor Augen, wie uns Bitterkeit und Wut nur selbst schaden. Er bietet uns Vorschläge an, wie wir mit Situationen umgehen können, die uns wehtun und die wir nicht selbst gewählt haben. Er zeigt uns, dass wahrer Optimismus bedeutet, die eigene Einstellung immer selbst zu wählen.

Bruder David regt uns an, in jeder Lebenslage etwas zu finden, wofür wir dankbar sein können. Dankbarkeit entsteht nicht erst, wenn wir glücklich sind und alles im Leben und in der Welt zu unserer Zufriedenheit läuft. Das wird es vielleicht nie. Dankbarkeit steht am Anfang. Dankbarkeit ist der Weg zum selbst gemachten Glück.

Oft muss der Leidensdruck erst sehr groß werden, bis wir wirklich bereit sind, unsere Augen zu öffnen und zu erkennen, was wir längst haben. Vielleicht klingt das Wort »Dankbarkeit« für manche abgenutzt oder zu passiv. Dabei ist eine dankbare und vertrauensvolle Haltung sehr aktiv:

Einfach und bequem ist es, ängstlich zu sein. Gerade heute.

Es braucht Mut, dankbar zu sein und dem Leben zu vertrauen.

Mihaly Csikszentmihalyi erinnert uns daran, öfter etwas zu tun, einfach nur, weil es uns Spaß macht. Weg von der verkrampften Pflichterfüllung, von der Erwartung, belohnt zu werden, hin zur Anstrengung aus echter Leidenschaft. Dafür brauchen wir nichts weiter zu tun, als offen zu bleiben – für Neues. Neue Menschen, neue Eindrücke, neue Hobbys, neue Inspiration. Unser Tun ist fast nie die Ursache von Erschöpfung.

Wir haben gesehen, wie stark Enge und Angst zusammenhängen. Erschöpfung führt oft zu einer gefühlten seelischen Verpanzerung. Wir können nicht mehr und wollen uns gegen alle Einflüsse schützen, die von außen auf uns einprasseln. Oft ist dieser Panzer körperlich in Form einer Enge im Brustkorb oder von anderen Verspannungen spürbar. Manchmal hilft schon die Vorstellung eines weiten, offenen Brustkorbs, um uns auch psychisch offener zu fühlen. Wir können uns dieses weit geöffnete Herz und das wohltuende Gefühl des Vertrauens selbst zum Geschenk machen.

Nur ein offenes Herz kann ein liebendes Herz sein. Wenn wir das Vergangene immer wieder durchleben, werden wir zu Sklaven unserer selbst. Angst und Liebe, Schuldgefühle und Liebe, Hass und Liebe können nicht nebeneinander existieren.

2. Die Macht der Selbstverantwortung

Selbstverantwortung, das klingt anstrengend. Nach jener krampfhaften Selbstoptimierung, von der wir schon alle nichts mehr hören können. Dabei hat Selbstverantwortung viel mehr mit Freiheit zu tun. Wer erkennt, für sein Leben verantwortlich zu sein, kann endlich selbst entscheiden. Ein eigenverantwortlicher Mensch weiß, dass er einiges bewirken kann. Er kann wählen. Er ist nicht mehr das Opfer der Umstände. Was für ein Leben will ich leben? Welche Talente will ich nutzen? Worauf richte ich meine Aufmerksamkeit? Und was lasse ich links liegen, weil es mir nicht guttut?

Am Anfang dieses Buches haben wir festgestellt, wie Erschöpfung zu Kurzsichtigkeit führt. Und kurzsichtiges Handeln ist selten kluges Handeln. Wer gar nicht mehr innehält und die Auswirkungen seiner Handlungen sieht oder diese vielmehr vor lauter Erschöpfung gar nicht mehr erkennen kann, wird früher oder später negative Konsequenzen erfahren. Doch selbst in den schwierigsten Lebenslagen und in den beängstigendsten, leider unvermeidlichen Krisen finden wir Freiräume der Wahlfreiheit. Das hat uns Viktor Frankl beeindruckend vorgelebt. Frustration und Leid sind natürliche Bestandteile des Lebens. Zu lernen, mit Frustration und Ablehnung umzugehen, ist ein Schlüssel zu einem gelungenen Leben. Unsere Einstellung ist unsere größte Freiheit, die wir uns von niemandem nehmen lassen sollten.

Sie zu verändern, ist alles andere als leicht. Dafür bietet uns Bruder David die »Stop. Look. Go.«-Methode an. Den Freiraum der Wahlfreiheit macht er an einem einzigen Wort fest: »Look«. Doch zuerst kommt »Stop«, das Innehalten. Wenn wir den Strom des Lebens für einen kurzen Moment verlassen, können wir uns in Ruhe in alle Richtungen umsehen, überlegen, unsere Optionen durchgehen, eine Bestandsaufnahme der Möglichkeiten machen.

Manchmal übersehen wir etwas oder lassen es zu lange in der immer gleichen Suppe köcheln. Wir mäandern zwischen zwei unangenehmen Wegen. Wir erkennen gar nicht mehr, was abseits dieser Wege liegt. Dass wir die ganze Situation ganz anders sehen, anders angehen, anders leben könnten.

Mihaly Csikszentmihalyi hat uns verdeutlicht, dass wir immer selbst entscheiden können, wofür wir brennen und wie sehr wir uns anstrengen möchten. Seine Botschaft klingt simpel, hat aber einen tief greifenden Effekt, der durch umfangreiche Forschung oft bestätigt wurde: Glücksgefühle sind selbst gemacht.

Immer wieder stehen wir in unserem Leben vor der entscheidenden Weichenstellung zwischen Macht und Ohnmacht. Wer das erkennt, findet einen wichtigen Schutzschild gegen alle Formen der Erschöpfung. Denn Erschöpfung hat sehr viel mit gefühlter Ohnmacht zu tun. In unserem Kopf gibt es Gedanken, die uns schaden, und solche, die uns helfen können. Nur wir können entscheiden, welchen wir Macht geben.

3. Wir finden uns im Du und im Tun

Alle drei haben gemeinsam, dass sie sich selbst nicht so wichtig und ernst nehmen. Sie können über sich selbst lachen. Vor allem Viktor Frankl betont immer wieder die Bedeutung des Humors.

Menschen, die ständig mit Todesmiene über sich reden und über ihre gar nicht so schwerwiegenden Probleme jammern, sind uns eher unsympathisch. Wer ständig um sich selbst kreist, sieht nichts mehr. Wer sich ununterbrochen selbst fragt, ob er auch wirklich glücklich und zufrieden ist, wird es höchstwahrscheinlich niemals sein. Möglicherweise beschäftigen wir uns schon viel zu lange und viel zu intensiv mit uns selbst: die Ich-AG, die Selbstoptimierung, immer geht es ums Ich. Vielleicht ist die große Erschöpfung ein Zeichen dafür, dass wir unseren Fokus neu justieren sollten.

Wer sich selbst nicht so wichtig nimmt, läuft weniger Gefahr, falsche Erwartungen an sich selbst zu stellen. Er begegnet sich selbst gegenüber wohlwollend und mit einem sanften Blick auf das eigene Leben.

Unsere Lebensziele haben immer sehr viel mit uns selbst zu tun, unsere Lebensaufgabe hat viel mit anderen zu tun. Um ein kraftvolles und selbstbestimmtes Leben zu führen, sollten wir uns von einem übergroßen Ego verabschieden. Das haben alle drei vorgelebt:

Viktor Frankl dachte selbst in einer schrecklichen Situation: »Was will das Leben von mir?«

Bruder David fragt: »Wofür kann ich heute dankbar sein?«

Bei Mihaly Csikszentmihalyi hat Glück immer auch mit anderen Menschen zu tun und mit der Frage, was wir für andere tun und wie wir ihr Leben bereichern können.

Der Weg aus der Erschöpfung führt uns aus unseren kreisenden Gedanken heraus. Er weist uns nach außen.

Sinn finden wir nicht in uns selbst, sondern in unserem Tun und in der Liebe, sind sich die drei einig.

Viktor Frankl, Mihaly Csikszentmihalyi und Bruder David hatten genauso wie wir mit Erschöpfung und vielen anderen Problemen zu kämpfen. Vielleicht ist bereits dieser Gedanke tröstlich: Jeder Mensch fühlt sich im Laufe seines Lebens irgendwann einmal ausgelaugt und erschöpft. Wir sind nicht allein. Entscheidend ist, wie wir Zugang zu den Quellen unserer Kraft finden. Das Hindernis ist der Weg dorthin. Um diesen geht es im letzten Kapitel »Strategien gegen Erschöpfung«.

Ein interessanter Gedanke von Klaus Hurrelmann zur Einstimmung: »Erschöpfung ist für mich ein konstruktiver Begriff, weil er auf das Potenzial hinweist, welches wir zur Verfügung haben, um Krisen zu bewältigen. Wenn dieses Potenzial völlig ausgeschöpft ist, dann signalisiert es uns, dass es sich sehr wohl wieder auffüllen lässt. Darin lässt sich die Handlungsanweisung erkennen, etwas zu tun oder zu verändern. Wenn die Wasserzisterne leer ist, kann sie auch wieder aufgefüllt werden, um dann aus dem Vollen zu schöpfen. Insofern kann Erschöpfung sogar eine Quelle der Kraft sein.«

Strategien gegen Erschöpfung – unsere Macht, Entscheidungen zu treffen

Kennst du den am dichtesten besiedelten Ort der Welt? Nein, nicht Tokio, Mumbai, Schanghai oder Facebook sind gemeint. Es ist die Komfortzone. Jeder von uns lebt dort, kaum jemand verlässt sie freiwillig, selbst wenn er sich in ihr nicht besonders wohlfühlt oder sogar massiv leidet. Schon Mark Twain erkannte: »Man kann die Welt oder sich selbst ändern. Das Zweite ist schwieriger.«

Es gibt zwei Fallen, die Menschen davon abhalten, die notwendigen Entscheidungen zu treffen, um aus den äußeren Lebensumständen und ihren inneren Einstellungen, die sie erschöpfen, auszubrechen:

1. Das Prinzip Rechtfertigung:
Im ersten Teil dieses Buches wurden Argumentationen, mit denen Menschen ihre Erschöpfung gegenüber sich selbst und anderen rechtfertigen, analysiert: die große Geschwindigkeit unserer Zeit durch den technologischen Fortschritt und die sozialen Medien, die hohe Arbeitsbelastung im Beruf, die psychischen Strapazen durch die Pandemie, der Krieg in der Ukraine, die Angst vor der Geldentwertung und dem damit verbundenen sozialen Abstieg.

2. Das Prinzip Schuldzuweisung an andere:
Die schwierige Kindheit, die falschen Rollenvorbilder durch die Eltern, der Partner, der sich nicht um die Familie kümmert, die Abwertungen durch den Chef, die mangelnde Anerkennung von den Kollegen, ein Schulsystem, das Eltern dazu nötigt, jeden Tag mit ihren Kindern zu lernen,

das kapitalistische Wirtschaftssystem, die unfähigen Politiker – jeder kann die Liste beliebig fortsetzen.

Einige dieser Argumente mögen berechtigt sein. Sie haben nur einen fundamentalen Nachteil: Sie helfen uns nicht weiter. Wem es nicht gelingt, sich aus diesen beiden Fallen zu befreien, der landet in der Ohnmacht. Der Mitbegründer der Positiven Psychologie, Martin Seligman, nennt das wie bereits erwähnt die erlernte Hilflosigkeit.

Daraus folgt die erste zentrale Erkenntnis zum Umgang mit Erschöpfung:

Du bist für dein Denken und Handeln,
deine Sicht auf die Welt und deren
Konsequenzen selbst verantwortlich.

Regt sich in dir spontaner Widerstand gegen diese Aussage? Dann findest du Verständnis bei Mihaly Csikszentmihalyi, der für seine Bücher die Biografien erfolgreicher Menschen studierte: »Ich weiß, dass Selbstverantwortung eines der am häufigsten gebrauchten und missbrauchten Worte in der gesamten Ratgeberliteratur ist. Bei vielen Leidenden löst der Hinweis ›Übernimm Verantwortung für dein Leben‹ Wutanfälle über so viel Ahnungslosigkeit aus. Ich möchte nur ganz sachlich das darstellen, was die Wissenschaft in vielen Langzeitstudien über den Unterschied von Menschen, die aus dem Teufelskreis ihrer Probleme nicht entkommen können und von denen viele daran zerbrechen, und jenen, die diese überwinden und sogar ihre Stärken daraus entwickeln können, unterscheidet. Der

Schlüssel ist die Entscheidung zwischen Schuldzuweisung oder Selbstverantwortung. Die Macht der Fakten, die diese These belegen, ist evident. Die Entscheidung, welche Schlüsse Menschen daraus ziehen, kann und will ich niemandem abnehmen.«

Verdichtet man die Lehren von Viktor Frankl, Mihaly Csikszentmihalyi und David Steindl-Rast auf ihre Essenz, dann ergeben sich drei Werte, die als Quellen dienen können, um aus ihnen neue Lebensenergie und Kraft zu schöpfen:

Wahlfreiheit

Viktor Frankl hat uns gelehrt: Wir haben immer die Wahlfreiheit. Wir können unsere Einstellung gegenüber allem, was uns widerfährt, frei wählen. Wir können unsere Aufmerksamkeit so lenken, dass wir auch sehr schwierige Situationen bewältigen. Dadurch ist es uns möglich, selbst dem Leiden Sinn zuzuschreiben.

Erfüllung

Mihaly Csikszentmihalyi hat bei seinen Studien zum Flow-Effekt entdeckt, dass Anstrengung uns nicht erschöpfen muss, sondern diese sogar notwendig ist, um Erfüllung in unserem Tun empfinden zu können. Dieses völlige Aufgehen im Tun nennt er den Flow. Sind wir einmal im Flow, dann gibt es keine Erschöpfung.

Dankbarkeit

David Steindl-Rast ist überzeugt: Glück kommt von der Dankbarkeit für alle Gelegenheiten, die man dafür erkennt. Um diesen Weg des dankbaren Lebens auch in schwierigen Situationen gehen zu können, empfiehlt er die Veränderungsstrategie »Stop. Look. Go.«. In einer Krise zuerst einen Moment innehalten, schauen, welche Möglichkeiten sich dadurch auftun, dann auswählen und es auch wirklich tun.

Diese Wertehaltungen führen uns zur zweiten zentralen Erkenntnis zum Umgang mit Erschöpfung:

Erschöpfung ist die Folge von
Entscheidungen, die Menschen treffen.

Um diese Erkenntnis auf die jeweilige individuelle Lebenssituation praktisch umzulegen, existieren keine für jeden gültigen Lösungen. Einheitsgrößen funktionieren bei Socken, nicht bei Menschen. Allerdings haben wir einen bewährten Prozess zur Verfügung, der schon vielen Menschen geholfen hat.[1] Im Zentrum steht das Abwägen von drei möglichen Optionen mit allen ihren Konsequenzen:

Option A: Loslassen

Wir haben keinen Einfluss darauf, ob Wladimir Putin taktische Atomwaffen einsetzt, eine Rakete irrtümlich ein Atomkraftwerk trifft oder die Börsenkurse plötzlich abstürzen. Das bedeutet aber auch: Wenn wir gegen eine Gefahr überhaupt nichts ausrichten können, belastet das unsere Gedanken, aber es ist kein Problem in unserem Einflussbereich. Es ist daher müßig, sich damit zu quälen.

Dann gibt es Probleme, die wir uns selbst machen und die wir jederzeit in Luft auflösen könnten. Zusätzlich zu den Belastungen der Familie und der Arbeit jeden Tag mehrere Stunden auf Facebook die Aktivitäten seiner »Freunde« zu verfolgen, Fotos von jedem Glas Wein auf Instagram zu posten und jede Menge TikTok-Videos zu konsumieren, kostet viel Zeit. Wir können jederzeit damit aufhören, statt uns darüber zu beklagen, wie anstrengend das Leben durch das Internet geworden ist. Wer im Leben in allen Bereichen gerade total gefordert ist, der muss nicht noch jeden Tag um sechs Uhr in der Früh aufstehen, um für einen Marathon zu trainieren, weil er sich das am 1. Jänner vorgenommen hat. Menschen unterwerfen sich rigorosen Diäten aufgrund von Nahrungsmittelunverträglichkeiten, die sie gar nicht haben, und verlieren dadurch die Freude am genussvollen Essen.

Selbst absolut sinnvolle Dinge wie Diäten oder Fitnesstraining kann man bis zum Exzess treiben. Das Motiv für diese Selbstbestrafung ist die Huldigung eines Leistungsethos, um sich zu bestätigen, was man alles aushält. Nur, irgendwann hält man es nicht mehr aus. Das bedeutet nicht, dass man sich diesen Dingen später nicht wieder widmen kann, wenn der richtige Zeitpunkt dafür gekommen ist und sie uns Freude bereiten, statt uns zu erschöpfen. Es gibt einen Pfad zwischen Kasteiung und Disziplin. Auf dem Wegweiser steht das Wort »Balance«.

Option B: Ändern

Ist ein Thema zu relevant, um es einfach streichen zu können, dann können wir uns entscheiden, die belastenden Umstände zu ändern.

Im Buch findet sich eine Vielzahl von Beispielen, in denen sich Menschen nach einem langen Leidensweg scheiden ließen oder einen unbefriedigenden Job gekündigt haben. Andere haben neue Vereinbarungen mit ihrem Partner oder Arbeitgeber getroffen, die die Situation nachhaltig für sie verbessert haben. Manche haben sich Hilfe von einem Therapeuten geholt. Nur wenige, die sich entschieden haben, belastende Verhältnisse grundlegend zu ändern, mussten das im Nachhinein bereuen, vor allem wenn sie davor unzählige Versuche unternommen haben, den Status quo erträglicher zu machen. Sie haben eher bedauert, dass sie die Entscheidung nicht schon früher getroffen haben. Doch warum haben sie so lange mit sich gerungen?

Menschen, die sich in einer bei objektiver Betrachtung untragbaren Situation befanden, erzählen, dass sie sich wie in einem Gefängnis eingemauert gefühlt haben. Hin- und hergerissen zwischen Selbstzweifeln und Schuldzuweisungen an andere konnten sie sich eine andere Zukunft gar nicht mehr vorstellen. Sie verharrten wider besseres Wissen viel zu lange in dieser Falle, weil ihnen die Kraft fehlte, klare Entscheidungen zu treffen, um sich auf den Pfad des Neubeginns zu wagen. Selbst wenn sie in der Ferne ein für sie besseres Leben sehen konnten, fehlte es an einer klaren Strategie, wie sie das schwarze Loch, das dazwischen lag, überwinden könnten.

Der häufigste Grund, warum Menschen sich lange, oft zu lange, der Option B »Ändern« verschließen, ist die Angst vor den Konsequenzen, die damit verbunden wären. Hilfreich in dieser Phase der Blockierung ist die Frage, was wir an einer Situation tatsächlich durch eigene Entscheidungen verändern könnten und womit wir uns abfinden müssen. Wir können uns und anderen eine klare Frist setzen, bis zu der sich die belastende Situation wesentlich verbessert haben muss. Sollte das nicht passiert sein, dann fällt es uns leichter, die Option B »Ändern« bewusst zu wählen. Der Zeitraum bis zum Stichtag kann dafür genutzt werden, ein alternatives Lebenskonzept zu entwerfen, indem wir zum Beispiel neben dem ungeliebten Job eine Zusatzausbildung absolvieren, uns rechtlich über eine Trennung genau informieren oder uns eine leistbare eigene Wohnung suchen.

Option C: Annehmen

C. G. Jung sagte: »Was man nicht annimmt, kann man nicht ändern.« Annehmen ist zweifellos die schwierigste Option. Wenn wir etwas nicht aufgeben können, weil es zu bedeutsam ist oder wir die Umstände derzeit nicht ändern können, dann bleibt uns nur, die Situation, wie sie ist, anzunehmen.

Eine hohe finanzielle Abhängigkeit vom Partner, die das Wohlergehen der Kinder gefährdet, kann eine Trennung im Augenblick unmöglich machen. Ein 55-jähriger Mann mit einer gut bezahlten, aber engen Spezialqualifikation weiß, dass er mit hoher Wahrscheinlichkeit nie wieder einen adäquaten Job finden wird, und entscheidet sich daher gegen eine Kündigung, auch wenn ihn sein neuer Chef schlecht behandelt und offensichtlich loswerden will.

Ein Dilemma, das moralisch bedenklich erscheint, aber trotzdem gar nicht so selten vorkommt: Einer von beiden Eheleuten oder Lebenspartnern hat eine Liebesbeziehung mit einem anderen Menschen, die oft sogar schon Jahre dauert. Er oder sie will die Ehe aber nicht beenden, wegen den Kindern, dem gemeinsamen Haus, um den anderen nicht zu verletzen – Gründe gibt es viele. Die Gewissensbisse, das aufwendige Doppelleben, der Druck des Geliebten sorgen für ständigen Stress, trotzdem kennen die meisten von uns derartige Konstellationen im Bekanntenkreis oder haben sie vielleicht selbst erlebt. Sie sind ein typisches Beispiel dafür, dass Menschen ständig zwischen der Option B »Ändern« und der Option C »Annehmen« hin- und hergerissen sind. Die Betroffenen können oder wollen sich nicht eingestehen, dass sie die Option C »Annehmen« längst gewählt haben, es aber nie bewusst entschieden haben. Sie zwingen damit irgendwann entweder ihren Ehepartner oder den Geliebten, eine Entscheidung zu treffen. Das bedeutet dann fast immer die Trennung.

Was können wir tun, um uns das Leben durch die Option C »Annehmen« zu erleichtern?

Oft gibt es eine höhere Motivation, die uns daran hindert, uns für A »Loslassen« oder B »Ändern« zu entscheiden: die Liebe zu den Kindern oder zum Partner, der Glaube an bestimmte Werte, die Möglichkeit, finanziell abgesichert seinen Interessen nachzugehen und sich zu verwirklichen. Sind wir uns dieser höheren Motivation bewusst, dann fällt es uns leichter, den belastenden Umständen, die mit der Option C »Annehmen« verbunden sind, nicht so viel Gewicht zu geben. Wer von der Pflege seines Kindes, seines Partners oder seiner Eltern erschöpft ist, tut es aus Liebe. Diese ist immer die höchste Motivation, um auch belastende Situationen, zumindest für eine begrenzte Zeit, anzunehmen.

Eine einfache, jedoch nicht immer erkannte Möglichkeit besteht darin, Dinge zu finden und dann auch zu machen, damit es einem trotz allem gut geht. Wer schon lange ungewollt single ist, kann seine Unabhängigkeit bewusst genießen, seinen Freundeskreis pflegen und Reisen unternehmen. Wir können lernen, die Wahrnehmung für die vielen Möglichkeiten, uns an kleinen Dingen zu erfreuen, zu schärfen. Sei es ein schöner Moment am Fahrrad in der Früh auf der Fahrt zur Arbeit durch einen öffentlichen Rosengarten, sei es eine liebe Umarmung oder einfach das selbst gekochte Lieblingsgericht. Es kann Freude bereiten, wenn wir einer Schnecke am Gehweg nicht nur ausweichen, sondern sie in die Wiese setzen, um so ein Lebewesen zu schützen. Es sind diese Augenblicke, die unserer Seele Nahrung geben. Dafür existiert noch keine App und es wird auch nie eine geben können.

Es gibt allerdings klare Grenzen, die ein Annehmen unmöglich machen. Unterdrückung, Missbrauch und Gewalt oder schwere gesundheitliche Folgen, die mit dem Annehmen einer untragbaren Situation verbunden wären, sind inakzeptabel. In diesen Fällen kann die Entscheidung nur

Option B »Ändern« lauten. Tut man das nicht, dann wird das Leiden, die Demütigung oder die Gewalt zur Gewohnheit. Die Gehirnforschung zeigt sogar, dass das Leiden irgendwann zur Sucht werden kann.

Als Orientierungshilfe hier nochmals zusammengefasst die zwei zentralen Erkenntnisse:

Du bist für dein Denken und Handeln,
deine Sicht auf die Welt und deren
Konsequenzen selbst verantwortlich.

Erschöpfung ist die Folge von
Entscheidungen, die wir treffen.

Daraus ergeben sich drei Wahlmöglichkeiten:

Option A: Loslassen
Option B: Ändern
Option C: Annehmen

Der lange Weg zu einer Entscheidung

Wenn wir versuchen, mit dem vorgeschlagenen Prozess an der eigenen Situation zu arbeiten, dann löst das noch nicht das Problem, wie wir herausfinden, welche Option nachhaltig die beste ist, bevor wir sie mit allen Konsequenzen in die Tat umsetzen.

Nehmen wir als Beispiel die Entscheidung, endlich privat oder beruflich die lange hinausgeschobene Trennung zu vollziehen und den Neuanfang zu wagen. Schon der Gedanke an die Konsequenzen konfrontiert uns schnell mit dem Dilemma von Sehnsucht und Realität: Soll ich meinem Verstand oder meinem Herzen folgen? So einleuchtend diese Frage auf den ersten Blick erscheint, so wenig hilfreich ist sie.

Die alten Griechen glaubten, dass der Magen das Zentrum des Menschen sei. Dieser war auch das Zentrum des Mutes, der auf das Heldentum abzielte. Dann wurde es das Herz, vor allem geprägt durch den christlichen Gedanken der Nächstenliebe. Das Gehirn rückte erst mit Descartes im 17. Jahrhundert ins Zentrum. »Du bist, was du denkst« begründete den Aufstieg der Naturwissenschaften.

Heute wissen wir, dass wir die Welt mit zwei Organen erfassen: unserem Herzen und unserem Gehirn. Die inneren Konflikte zwischen Vernunft und Gefühl entstehen dann, wenn wir das große Ganze nicht mehr sehen können. Es ist eine Selbsttäuschung, zu glauben, wir könnten den »Weg unseres Herzens« oder den »Weg der Vernunft« gehen. Denn unabhängig davon, für welche Richtung wir uns entscheiden, die Stimme, die wir übergangen haben, wird sich umso lauter zu Wort melden und für kräftige Dissonanzen sorgen. Wenn wir uns aus Vernunftgründen für die Option C »Annehmen« entscheiden, aber in Wirklichkeit die Umstände nur verdrängen, dann können wir unser Gefühl nicht täuschen und unser Herz, unser Magen, unser Kreuz werden sich melden.

Auf die Zeiten, in denen wir unseren Sehnsüchten nach einem glücklicheren Privatleben in Gedanken nachgeben, folgen unweigerlich Momente, in denen wir von den faktischen Umständen blockiert werden. Kommt das Monatsende, werden die Zahlungen für die Miete oder die Rückzahlung der gemeinsam unterschriebenen Schulden auf einmal ganz konkret. Die Sorge, diese allein tragen zu müssen, macht sich breit. Wir beginnen, eine mögliche Trennung mit allen rechtlichen und finanziellen Folgen durchzudenken. Wir sagen uns: »Jetzt geht es eben nicht«, und leben weiter wie bisher. Wenn im gemeinsamen Urlaub zwar keine romantischen Gefühle aufkommen, dieser aber angenehmer als befürchtet verläuft, kommen schnell Bilder hoch, wie es wäre, ganz allein unter lauter Paaren beim Abendessen beobachtet zu werden. Diese Gedankenspielereien verdichten sich dann zu dem Gefühl »So schlecht ist das alles auch wieder nicht«.

Im Beruf kann jeder, der schon einmal täglich den Demütigungen durch einen narzisstischen Chef ausgesetzt war, nachvollziehen, wie die eigene Hilflosigkeit sich aufstaut, Energie raubt und letztlich erschöpft. Der Wunsch nach dem Ausbrechen wird immer mächtiger, um dann von der Erkenntnis niedergeschmettert zu werden, dass der Mut dafür nicht ausreicht. Die Angst vor den ungewissen Konsequenzen einer Kündigung ist letztlich doch zu groß. Dazu gesellt sich oft noch die Scheu davor, der ganzen Welt die Gründe für die Aufgabe des Jobs erklären zu müssen. Dabei hat die Welt andere Sorgen.

An heftige körperliche Schmerzen kann man sich nicht gewöhnen. Seelische Qualen in der Beziehung oder im Beruf lassen sich dagegen erstaunlich lange aushalten. Männer sind oft noch immer von einem archaischen Trieb gesteuert, ständig nach Trophäen zu jagen, die sie aber nicht glücklich machen. Das raubt ihnen so viel Energie, dass ihnen die Kraft fehlt, einmal innezuhalten und sich die Frage zu stellen: »Warum tue ich mir das eigentlich an?« Es bedarf meist Scheidungen, Krankheiten, Unfällen oder Kündigungen, die Männer dazu zwingen, sich dieser Frage zu stellen. Erst diese dramatischen Brüche reißen sie aus dem ständigen Strudel von Plänen, Aktivitäten, Kämpfen, Triumphen und bitteren Niederlagen. Plötzlich finden sie sich alleine, leer und erschöpft in der Stille eines Krankenbetts oder eines Hotelzimmers wieder.

Lösen lässt sich das unsichere Schwanken zwischen den Entscheidungsvarianten nur dann, wenn wir unsere Gefühle und unseren Verstand in Einklang bringen, und nicht wenn wir uns von einem Teil in uns abschneiden. Wir sind mit einem Herzen und einem Gehirn geboren worden. Alle großen Fortschritte der Menschheit waren immer das Ergebnis von Fantasie und Verstand. Lassen wir uns von niemandem in das Kästchen »Verstandesmensch« oder »Gefühlsmensch« sperren. Unsere Welt braucht mehr Menschen, die nachdenken und mitfühlen können.

Wie finden wir die Balance zwischen den oft widersprüchlichen Stimmen in uns? Das Pendel darf manchmal mehr, manchmal weniger ausschlagen, aber nie auf der Seite des Verstands oder des Gefühls hängen bleiben. Leider haben die wenigsten von uns gelernt, mit Ambivalenz, Unsicherheit und offenen Wahlmöglichkeiten gezielt umzugehen, obwohl das eine der größten Herausforderungen für den

Menschen im 21. Jahrhundert ist. In der Schule werden uns zwar, mit immer geringerem Erfolg, Mathematik, Deutsch, Geschichte und Physik eingetrichtert, mit der Frage, wie wir wichtige Lebensentscheidungen treffen können, werden wir indessen alleingelassen. Umso wichtiger ist es, sich der vorhandenen Ressourcen bewusst zu werden, um Sicherheit bei großen Entscheidungen zu gewinnen.

Quellen, auf die wir zurückgreifen können, um authentisch zu entscheiden

Für den Sozial- und Gesundheitswissenschaftler Klaus Hurrelmann gibt es zwei Quellen, die Menschen helfen, auch in Krisen Belastungen besser zu bewältigen: »Erstens das Gefühl, ihr Leben noch immer steuern und kontrollieren zu können, Einfluss auf ihr unmittelbares Umfeld zu haben und somit selbstwirksam zu bleiben. Zweitens die sozialen Ressourcen: Ganz wichtig ist die Familie, die eine Schlüsselbedeutung für die persönliche Situation hat. Dazu kommen Freunde und die Eingebundenheit in ein soziales Netzwerk. Menschen, die in der Krise einsam und isoliert leben mussten oder Studienanfänger in einer fremden Stadt, waren den psychischen Belastungen viel stärker ausgesetzt. Wenn Familien nicht stützend, sondern belastend wirken, dann kehrt sich ihre Schutzfunktion allerdings ins Gegenteil.«

Lebensentscheidungen, die den Aus- oder Aufbruch aus einer belastenden Situation bedeuten würden, sind oft zutiefst emotionale Ereignisse. Persönliche Beziehungen wie

Familie, Partner, Freunde und Mentoren sind meist die am nächsten gelegenen Kraftquellen, die wir anzapfen können. Sie sind allerdings auch ein Prüfstein für die Qualität der Beziehung. Soziale Kompetenz ist gefordert: aufmerksam zuhören statt selber reden, die Situation des anderen nicht wertend betrachten, keine Ratschläge aufdrängen, nonverbale Kommunikation wie Umarmungen in der passenden Situation anwenden.

Wer für andere in Krisensituationen ein guter Freund sein will, muss sich selbst mögen, sonst fehlt ihm die positive Energie dafür. Je besser wir uns selbst kennen, umso hilfreicher können wir andere unterstützen. Kluge Freunde oder Partner können dabei helfen, belastende Probleme nicht nur oberflächlich, sondern in ihrer Tiefe zu analysieren.[2]

Welche anderen Kraftquellen gibt es?

Die Klausur mit uns selbst: In bestimmten Situationen ist das Hineinhören in uns selbst hilfreicher als das Hören auf andere. Wir können uns für einige Zeit an einen Kraftplatz zurückziehen. Ist viel Abstand vom bisher gewohnten Leben notwendig, dann gibt es die Möglichkeit der Bildungskarenz oder des Sabbaticals, um sich sechs bis zwölf Monate Auszeit zu nehmen. Allerdings sollten wir wissen, dass ein Großteil der Sabbaticals als »Nevercomebackticals« endet. Vielen wird nach kurzer Zeit bewusst, dass sie vor allem eines mit Sicherheit nicht wollen: zurückkehren in ihr bisheriges Leben.

Den Körper: Viele Menschen spüren in ihrem Körper, welche Entscheidung für sie die richtige wäre. Sie haben nur

Angst, sie zu treffen und danach zu handeln. Der Körper lügt nicht. Gerade wenn er erschöpft ist, bietet er einen leeren inneren Raum, dessen Resonanz wir nutzen können. Der Körper ist eine große Ressource, aber auch ein verdrängtes Tabu in unserer Gesellschaft. Erschöpfte Menschen sprechen oft davon, dass sie sich nicht mehr spüren.

Rituale: Je digitaler unsere Welt wird, umso mehr Rituale brauchen wir. Tim Ferriss schreibt in seinem Buch *Tools der Titanen*, dass neunzig Prozent aller erfolgreichen Menschen den Tag mit einem Ritual beginnen und beenden. Die Interviews für dieses Buch haben die These bestätigt, dass Rituale ein wirksames Mittel gegen Erschöpfung sind: nach dem Aufstehen auf den Heimtrainer steigen und dabei ein Buch lesen, in der Früh oder am Abend laufen gehen, jede Form von Körperarbeit, Meditation oder Gebet.

Ich weiß, das alles hast du schon hundertmal gelesen oder gehört. Es wird hier trotzdem kurz angeführt, um die vielen Menschen, die derartige Ausgleichsstrategien bereits in ihren Alltag integriert haben, darin zu bestätigen, und andere dazu zu ermutigen. Tägliche Rituale sind offenbar ein entscheidender Unterschied zwischen Menschen, die früh erschöpft sind, und jenen, die sich auch unter Belastung schneller regenerieren können. Wichtig ist nur, dass dir, was immer du tust, Freude bereitet und es keine zusätzliche Pflichterfüllung ist.

Hilfe von außenstehenden Experten: Freunde, Bücher und mentale oder körperliche Übungen können bis zu einem bestimmten Grad hilfreiche Quellen sein, um negative Verhaltensweisen zu erkennen und sich davon zu befreien. Wenn es aber dauerhaft zu keinen wesentlichen Verbesserungen der eigenen Situation kommt, dann kann der vertrauensvolle Austausch mit einem erfahrenen Therapeuten hilfreich sein. Dieser kann unsere Situation im Gegensatz zu unseren Freunden oder unserem Partner unbeeinflusst sehen.

Der Unternehmensberater, Managementcoach und Psychoanalytiker Klaus Geisslmayr sagt dazu: »In einer Therapie können kontraproduktive Muster individuell gedeutet werden. Das heißt, ein Verständnis dafür zu erarbeiten, welche Entstehungsgeschichte, Verbindungen und Folgen persönliche Muster haben und in welchen Situationen sie Menschen gute Dienste leisten und in welchen sie dem eigenen Wohlbefinden schaden. Schwierige Themen werden – nachdem sie bewusst gemacht wurden – mehrmals aus etwas anderer Perspektive durchgearbeitet, so lange, bis es zu einem veränderten inneren Zugang kommt. Ein neues Verständnis und neue Beziehungserfahrungen in der Therapie können dann schrittweise auch in anderen Lebenssituationen erprobt und auf andere Beziehungen übertragen werden. Erst aus der Wiederholung neuer Verhaltensweisen und Erlebnisweisen kommt es schrittweise zu tiefer liegenden Veränderungen, die einen besseren Umgang mit belastenden Situationen erlauben und Gefühlen von Erschöpfung vorbeugen. So konnte zum Beispiel ein Manager besser verstehen, wie seine Tendenz zu Harmonie und Perfektionismus ihn immer mehr erschöpfte. Er machte dann die Erfahrung, dass auch Widerspruch und das Zulassen von Fehlern nichts daran änderten, dass er geschätzt und akzeptiert wurde.«

Triff eine Vereinbarung mit dir selbst und gehe den Weg deiner Wahl.

Ob eine Entscheidung sich später als richtig oder falsch herausstellt, kann vorab nie beurteilt werden. Daher sind absolut richtige oder falsche Entscheidungen nur in geschlossenen Systemen möglich, nicht in einer lebendigen Welt. Die drei angebotenen Entscheidungsoptionen A »Loslassen«, B »Ändern« und C »Annehmen« sind nur eine Methode, vielleicht gibt es für deine Situation auch andere Möglichkeiten.

Es existiert aber sehr wohl gutes und schlechtes Entscheidungsverhalten. Je mehr wir reifen, desto nachsichtiger sollten wir mit uns umgehen. Oft wissen wir genau, was wir hätten tun sollen, und haben trotzdem anders reagiert. Das, was uns unterscheidet, ist, dass die einen sich zwar immer Vorwürfe machen, um dann bei der nächsten Gelegenheit wieder wie von einem Gummiband in die falsche Richtung gezogen zu werden. Die anderen sind hingegen fähig, aus Erfahrung zu lernen um dann das nächste Mal tatsächlich anders zu handeln. Je bewusster du wählst, desto selbstbestimmter bist du – und umgekehrt.

Nur unreife Menschen hängen ständig ihren inneren Bedürfnissen nach, ohne sich auf die Auseinandersetzung mit der Realität einzulassen. Sie fürchten die Enttäuschungen und flüchten sich lieber in eine Scheinwelt. Manche sind talentierte Schauspieler, die anderen ihr perfektes Leben vorspielen, obwohl sie tatsächlich ungemein leiden. Sie lassen sich von ihrem sozialen Umfeld treiben und unterdrücken ihre eigenen Bedürfnisse. Irgendwann gelangen sie an den Punkt, an dem sie erkennen, dass das nicht das Leben ist, das sie führen wollen.

Am schlimmsten sind die »Null-Dilemma-Menschen«. Sie blenden alle Widersprüche in ihrem Leben aus. Sie reduzieren das Leben auf einen Punkt. Das kann Geld, Macht, Religion, Esoterik, Mode, Vergnügen oder Ruhm sein. Wenn sie sich an diesem zentralen Element nicht nur selbst festklammern, sondern auch andere dazu zwingen wollen, dann landen sie im Fundamentalismus. Der Fundamentalist kennt kein Dilemma, weil er alles weiß, statt zu denken.

Wir wünschen uns, dass alles so bleibt,
wie es ist, und trotzdem ständig besser wird.

Die meisten Menschen sind Gewohnheitstiere, die Veränderung hassen und sich doch immer wieder danach sehnen. Auf diese paradoxe Erwartungshaltung trifft man auch in Unternehmen, ja sie lähmt derzeit ganze Staaten. Dieses Hin-und-hergerissen-Werden ist keine Verschwörung des Schicksals gegen den Menschen. Im Gegenteil, erst indem wir lernen, die Spannungen in uns auszuhalten, können wir unsere Persönlichkeit weiterentwickeln, um Entscheidungen zu treffen.

In dem Augenblick, in dem wir eine Entscheidung treffen, glauben wir natürlich, dass es die bestmögliche ist. Dann gibt es aber Situationen, in denen wir wissen, was richtig wäre, zögern kurz, um uns dann anders zu entscheiden. Dabei verfügen wir über ein moralisches Koordinatensystem, das uns warnt, wenn wir völlig vom Kurs abkommen. Dieses mag bei jedem etwas anders ausgebildet sein. Es kann kulturelle Unterschiede geben, aber die Himmelsrichtungen »Anständig« und »Unanständig«, Recht und Unrecht, sind immer dieselben. Dieser innere Wertekompass hilft uns dann, mit den Zweifeln und widersprüchlichen Gefühlen, die uns nach einer wesentlichen Entscheidung oft überkommen, besser umzugehen. In der Sozialpsychologie spricht man in diesem Zusammenhang von kognitiven Dissonanzen.[3]

Die Kunst des Lebens besteht in der Verbindung von zwei Welten.

Am Anfang ist der Gedanke. Dann kommt das Wort. Erst der Mut, einen Gedanken auszusprechen, verleiht ihm Kraft. Am Ende steht die Handlung. Doch welchen der vielen Gedanken, die uns durch den Kopf schwirren, sollen wir aussprechen, welchen in die Tat umsetzen? Leider folgen wir oft den kleinen Gedanken, weil wir eine geringe Vorstellung von uns selbst haben. Diese Täuschung führt dann zur Enttäuschung über das Ergebnis unserer Bemühungen.

Versuche daher, den allerhöchsten Gedanken von dir selbst an den Anfang zu stellen. Keine einfache Übung. Wenn du diese Anstrengung auf dich nimmst, dann wirst du mit einer anderen Perspektive auf die Vorhaben schauen, die du dir schon länger vorgenommen hast. Alles, was du gegen die Macht deiner Gewohnheiten mit Disziplin durchzusetzen versuchst, kann ganz schnell in einer lustlosen Verpflichtung enden. Beginnst du dagegen mit dem Gedanken an die beste Version von dir selbst, dann wirst du auf einmal das positive Bild sehen und keinen Zwang mehr empfinden. Du wirst vielleicht nicht immer genau dort landen, wo du ursprünglich hinwolltest, dich aber von Rückschlägen und Umwegen nicht entmutigen lassen. Es geht um die Bedeutung, die du selbst deinem Leben gibst, die dir niemand nehmen kann.

Die Kunst des Lebens besteht in der Verbindung von zwei Welten: der Welt, in der wir leben, mit jener, nach der wir uns sehnen. Deshalb wurden wir von der Natur mit Herz und Kopf ausgestattet. Sind die beiden im Einklang, weil wir nach intensiver Reflexion eine Entscheidung getroffen haben, dann kann uns diese aus der Erschöpfung führen, weil sie deren Ursachen löst.

Es gibt ein deutlich erkennbares Signal, an dem du die Qualität einer Entscheidung messen kannst. Erinnere dich an das Gefühl, das du unmittelbar nach einer authentischen Entscheidung in deinem Leben gespürt hast. Dieses Gefühl kann sich als starke innere Stimme melden, du kannst es im Bauch spüren, plötzlich fühlst du dich frei im Kopf oder ein Stein fällt dir vom Herzen. Es ist immer ein großartiges Gefühl der Befreiung, wenn eine Last von uns abfällt. Dann beginnen die Quellen der Kraft, wieder zu uns zurückzufließen.

Unser Planet ist erschöpft von der Ausbeutung seiner Schätze, aber wir sind nicht die Ausbeutung. Unsere Gesellschaft ist erschöpft von der Pandemie, aber wir sind nicht die Pandemie. Viele Länder sind erschöpft vom Krieg, aber wir sind nicht der Krieg. Unsere Welt ist erschöpft von der ständigen Unsicherheit, aber wir sind nicht die Unsicherheit. Unser Umfeld ist erschöpft von der Angst, aber wir sind nicht die Angst.

Die wichtigste Botschaft ist ganz einfach: Wir haben die Wahlfreiheit. Vielleicht manchmal nicht im Handeln, aber zumindest immer in unserem Denken. Je bewusster wir wählen, desto mächtiger sind wir. Die Menschheit hat in der Vergangenheit oft bewiesen, dass sie über unglaubliche kollektive Fähigkeiten verfügt, ihre Probleme zu lösen. Wenn wir diese Kreativität darauf ausrichten, gemeinsam zu überleben, dann haben wir die Möglichkeit dazu.

Solange du dir ein besseres Leben für dich und deine Familie, für dein Land und für die ganze Welt zumindest denken kannst, gibt es immer Hoffnung und einen Weg. Nein, nicht der einzelne isolierte Gedanke ist mächtig, sondern die Summe vieler Gedanken kann sehr mächtig sein. Wie hier durch das Wort so im Leben durch die Tat. Damit ein Gedanke mächtig werden kann, bedarf es des Mutes, unsere Stimme zu erheben.

Wer will nicht Teil von etwas Bedeutendem sein? Wer will nicht auf die Frage nach seiner Verantwortung antworten können: »Ich habe es gesehen, ich habe mich entschieden, zu tun, was ich konnte. Und das Schöne war, ich bin nicht allein geblieben«? Die Sehnsucht, dass die Dinge wieder in Ordnung kommen, lebt in vielen von uns. Am Ende des Tages bleibt von uns nur der Tropfen im Ozean. Dieser Tropfen muss keine Träne sein. Unser Leben kann gelingen.

1 Die vorgeschlagene Entscheidungsmethode ist an die englische Lebensweisheit »Love it. Leave it. Change it.« angelehnt. Deren genauer Ursprung ist nicht bekannt. Die Struktur wurde übernommen, diese dann allerdings auf die Entscheidungshilfen im Umgang mit den Ursachen von Erschöpfung und Sinnverlust ausgerichtet. Daher kommen auch die anders gewählte Begrifflichkeit und die unterschiedliche Interpretation.

2 Andreas Salcher: *Ich bin für Dich da: Die Kunst der Freundschaft*. 2017. Salzburg. Ecowin.

3 Unter »Kognitiver Dissonanz« versteht man einen als unangenehm empfundenen Gefühlszustand, der dadurch entsteht, dass ein Mensch unvereinbare Kognitionen hat (zum Beispiel Wahrnehmungen, Gedanken, Meinungen, Einstellungen, Wünsche oder Absichten). Ein typisches Beispiel sind die Zweifel, die Käufer nach dem Kauf eines Autos haben, ob sie sich nicht für ein anderes hätten entscheiden sollen.

Warum ich dieses Buch geschrieben habe

Wenn dein eigener Vater seit 27 Tagen mit Corona auf der Intensivstation liegt und du knapp vor Mitternacht siehst, dass dir das Spital eine Nachricht auf die Mobilbox gesprochen hat, dann weißt du, was passiert ist. Am 11. Februar 2021 starb mein Vater Rudolf Salcher. In so einer Nacht kann man dann nicht schlafen. Sie ist durchzogen von Trauer und Erinnerungen.

Es sind immer die Gedanken, die von einem geliebten Menschen bleiben. Als junger Mann mit 18 Jahren brach mein Vater unmittelbar nach seinem Lehrabschluss zu einer Weltreise auf einem Luxusdampfer auf. Diese Reise machte er nicht etwa als Passagier, sondern als Schiffssteward. Das ließ seine Berufung zum Lebenskünstler früh erahnen. Der Umgang mit Menschen, Humor und Lebenslust waren ihm in die Wiege gelegt. Von diesen Gaben machte er im Laufe seines Lebens reichlich Gebrauch. Er hat immer gerne gearbeitet. Beruflich gab es schöne Erfolge, aber auch sehr harte Zeiten. Nach dem Scheitern seines Traums vom eigenen Restaurant war der Gerichtsvollzieher häufiger Gast in unserer Wohnung. Meinen Vater zeichneten vor allem sein Kommunikationstalent und seine Fähigkeit, sich Freunde zu machen, aus. Daher ging es nach einigen Jahren beruflich und finanziell wieder aufwärts. Als Vater war er geprägt von Herzenswärme und Großzügigkeit.

Die 27 Tage, die er im Tiefschlaf auf der Intensivstation lag, waren jeden Tag überschattet vom Warten auf den einen entscheidenden Anruf. Die Ärzte der damals schon überlasteten Covid-Station konnten ihre Arbeit nur mit einer klaren Regel leisten: »Bitte rufen Sie uns nicht an, wir rufen Sie verlässlich einmal täglich an.« Dieses Versprechen hielten diese medizinisch, seelisch und körperlich total geforderten Menschen immer ein. Das bedeutete allerdings, dass ich jeden Tag zwischen 13 und 21 Uhr auf den Anruf aus dem Krankenhaus wartete.

Ohne ins Detail zu gehen: Am Anfang war die Hoffnung auf Genesung, dann die Hoffnung auf ein Weiterleben, am Ende täglich die Hoffnung aufs Überleben. Ich redete mir die Nachricht »Der Zustand Ihres Vaters ist unverändert« schön, denn die Ärzte hatten mir von Anfang an klargemacht, jeder Tag länger im künstlichen Tiefschlaf verschlechtert seine Chancen. »Der Papa wird nicht mehr so, wie er war«, hat mir eine Ärztin bei meinem ersten Besuch auf der Intensivstation eröffnet. Ungeachtet dessen versuchte ich bereits, Termine in den hoffnungslos ausgebuchten Covid-Rehabilitationszentren zu bekommen. Gegenüber Freunden und Verwandten war ich bemüht, positive Stimmung zu verbreiten, die diese nur allzu gerne glauben wollten.

Dieses erste Halbjahr 2021 war erfüllt vom Schock der Diagnose meines Vaters, von der Hoffnung auf einen guten Ausgang und dann der Trauer. Ab dem Tod eines Menschen ist man ständig zwischen Gefühlen tiefer Trauer und der Vielzahl von organisatorischen und bürokratischen Erfordernissen hin- und hergerissen. Das merkt man, wenn in einer beruflichen Situation plötzlich die Stimme versagt und man mit den Tränen kämpfen muss.

In dieser Zeit kamen mir die Lehren von Viktor Frankl oder Bruder David zumindest nicht bewusst in den Sinn, aber instinktiv habe ich das Prinzip der Wahlfreiheit der Gedanken angewendet. Trost habe ich in der Überzeugung gefunden, dass mein Vater ein gutes Leben hatte, am Ende nicht leiden musste und ihm im besten Fall ein Weiterleben als Pflegefall möglich gewesen wäre. Auf die Frage, wie ich mich fühle, habe ich damals mit Begriffen wie »niedergeschlagen«, »antriebslos« oder »traurig« geantwortet. Das Wort »erschöpft« ist mir nicht über die Lippen gekommen. Heute weiß ich, enttäuschte Hoffnung und Trauer erschöpfen.

Das Wort »Erschöpfung« habe ich dann in einem ganz anderen Zusammenhang immer öfter gehört. Mit Ausbruch der Pandemie im März 2020 brachen meine drei beruflichen Standbeine als Buchautor, Unternehmensberater und Keynote Speaker fast völlig weg. Geplante Vorträge wurden abgesagt, Lesungen erst gar nicht geplant und die bereits avisierten Projekte als Unternehmensberater verschoben sich oder erwiesen sich in diesen wirtschaftlichen »Brot-und-Butter-Zeiten« als unrealistisch. Es war eine Zeit, in der ich – wie viele allein lebende Menschen – auf mich zurückgeworfen wurde. Ich erinnere mich noch an ein Interview, in dem eine Journalistin einen bekannten Psychiater fragte, wie das denn sei, wenn immer mehr Alleinlebende in ihrer Wohnung laut mit sich selbst zu sprechen beginnen. Das sei durchaus normal, antwortete er. Aber es gebe auch Menschen, die sogar mit Möbelstücken wie ihrem Sessel reden, fragte die Journalistin nach. Auch das sei noch kein beängstigendes Symptom, gefährlich werde es erst, wenn der Sessel antwortet, meinte der Psychiater.

Um mich nicht der Gefahr eines Dialogs mit meinem Sessel auszusetzen, stürzte ich mich in ein neues Projekt. Gemeinsam mit meinem Geschäftspartner Günter Rattay von der Primas Consulting entwickelte ich einen virtuellen »90 Minuten Workshop« mit dem Ziel, Mitarbeitern mehr Arbeitsfreude und Leistung im Homeoffice zu ermöglichen. Um die Bedürfnisse von Menschen im Homeoffice besser zu verstehen, führten wir lange Interviews mit den Mitarbeitern unserer Kunden. In diesen Gesprächen war trotz unterschiedlicher Branchen und Managementebenen ein Wort dominant: Erschöpfung.

Führungskräfte fühlten sich erschöpft von den Zoom- oder MS-Teams-Meetings, die manchmal von acht bis 23 Uhr dauerten. Eltern litten unter der Dreifachbelastung aufgrund des Distance Learning mit ihren Kindern. Die einsatzbereiten Ärzte, Pflegekräfte oder Verkäufer in den Supermärkten arbeiteten bis zum Umfallen, durchaus im wörtlichen Sinne.

Dann überschlugen sich die Ereignisse. Am 24. Februar 2022 in der Früh wurde ich von der Nachricht, dass Putin an mehreren Fronten in die Ukraine einmarschierte, erschüttert. Im März 2022 erhielt ich eine Nachricht über den Tod einer sehr guten, langjährigen Freundin von mir. Da sie jünger als ich war, ging ich von einer schweren Krankheit aus. Ich rief sofort ihren Mann an, der mir tief betroffen eröffnete, dass sie sich das Leben genommen hatte. Soweit ich das beurteilen konnte, hatte sie eine glückliche Ehe geführt und war als Künstlerin auch im Ausland anerkannt. Seine Frau sei am Leid der Welt zerbrochen, vermutete ihr Mann. Die Zerstörung der Umwelt hatte ihr schon immer zu schaffen gemacht, dann kam die Pandemie. Der Krieg in der Ukraine war offenbar zu viel für sie. Ich begriff, dass es Menschen gibt, die die Welt, wie sie ist, einfach nicht mehr ertragen können. Das Thema »Erschöpfung« ging mir nicht mehr aus dem Sinn.

Am 5. März 2022 erschien im *Spiegel* eine große Geschichte mit dem Titel »Kaputt«. Sie handelte von den Müttern, die Deutschland in der Pandemie weiter am Laufen hielten, weil sie ihre Kinder zu Hause betreuten und gleichzeitig im Job funktionierten. Wie schon im Einleitungskapitel beschrieben waren es die Begriffe »Mütterkurklinik« und »Müttergenesungswerk«, die mir nahegingen. Die in der Mütterkurklinik porträtierten Frauen waren anscheinend bis vor der Pandemie mehr oder weniger gut mit ihrem stressigen Alltag zurechtgekommen, diese raubte ihnen dann aber die letzten Energiereserven.

Ich begann, Frauen in meinem Bekanntenkreis genauer zum Thema »Erschöpfung« zu befragen. Die meisten bestätigten den Befund, am Ende ihrer Kräfte zu sein. Bei meinen männlichen Freunden bedurfte es dagegen länger, bis auch viele von ihnen gestanden, von Ängsten vor einer Ansteckung, der unsicheren beruflichen Zukunft und besonders der Ausweitung des Krieges geplagt zu werden. Viele kamen auch immer weniger mit der durch die Lockdowns bedingten Kasernierung mit ihrer Familie zurecht. Die Diskussion über die Impfpflicht spaltete Familien und langjährige Freundschaften zerbrachen. Das erste Mal tauchte bei mir der Gedanke auf, dem Thema »Erschöpfung« ein Buch zu widmen.

Ich werde oft gefragt, wie ich zu den Themen meiner Bücher komme. Es dauerte fast dreißig Jahre, bis ich die Idee für mein erstes Buch *Der talentierte Schüler und seine Feinde* hatte. Danach ging es dann schneller. Die Ideen kamen von meinem Verleger, von meinem Mentor Ernst Scholdan und natürlich von mir selbst. Für dieses elfte Buch hatte ich zwar während der Pandemie viel Zeit zum Nachdenken, doch keine Idee war so stark, dass ich zu hundert Prozent davon überzeugt war.

Im Juni 2022 veröffentlichte ich im Wirtschaftsmagazin *trend* einen Essay mit dem Titel »Die große Erschöpfung«. Noch nie hatte ich so viele Reaktionen auf einen *trend*-Beitrag erhalten. Obwohl ich in der Endphase meines Pilotprojekts »Österreichs Aufbruch zu einer lernenden Nation« war, beschloss ich, sofort mit der Arbeit an dem Buch zu beginnen. Wie bei jedem neuen Buchprojekt entwarf ich am Anfang ein fiktives Inhaltsverzeichnis. Mir war klar, dass es nicht ausreichen würde, alle Dimensionen des Phänomens Erschöpfung auszuleuchten, sondern dass ich unbedingt auch Lösungen anbieten musste. So entstand der Titel *Die große Erschöpfung und die Quellen der Kraft*.

Wer sich in der Buchbranche ein bisschen auskennt, weiß, dass es üblicherweise von der Idee bis zum gedruckten Buch in der Buchhandlung mindestens acht bis zwölf Monate dauert. Ich brauchte daher einen Verleger, der so ein Buch in kürzester Zeit und trotzdem in höchster Qualität realisieren konnte. Mit Bernhard Salomon von der edition a hatte ich in der Vergangenheit schon eine Reihe von spannenden Gesprächen geführt. Wir einigten uns nach einem einzigen Treffen, das Buchprojekt zu wagen.

Ein Buch in knapp drei Monaten zu recherchieren und zu schreiben, war auch für mich eine völlig neue Erfahrung. Schreiben ist für mich ein extrem anstrengender Prozess. Nach der Fixierung des Zeitplans bis zum Erscheinen schrieb ich meinem Verleger im Spaß: »Das Erscheinen des neuen Buches von Andreas Salcher *Die große Erschöpfung* muss wegen totaler Erschöpfung des Autors verschoben werden.« An dieser Pressemeldung könnte wohl kein Medium vorbei. Herr Salomon antwortete mir, dass er sich keine Sorgen mache, weil ich ja über die Quellen der Kraft verfüge.

Es gibt zwei Albträume, die mich seit vielen Jahren verfolgen. Beim ersten komme ich in ein Klassenzimmer und soll plötzlich eine Mathematikschularbeit schreiben, obwohl ich völlig unvorbereitet bin. Vielleicht engagiere ich mich deshalb für Schulen ohne Angst und Langeweile. Im zweiten Albtraum geht es darum, rechtzeitig zum Flughafen zu kommen, um den Abflug nicht zu versäumen. Mein Koffer ist aber noch nicht gepackt und nach meiner Zeitkalkulation ist völlig klar, dass ich den Weg zum Flughafen nicht schaffen werde. Trotzdem werfe ich alles in den Koffer und versuche, die Zeit zum Anhalten zu zwingen, was auch im Traum nie gelingt.

Nach diesem kurzen Ausflug in mein Unbewusstsein ist es wohl keine Überraschung, dass mich dieser Albtraum immer dann plagt, wenn der Abgabetermin für ein Buch näher rückt. Ich habe zwar keinen Zugang zu geheimen

Quellen der Kraft, aber zumindest weiß ich, dass ich im wirklichen Leben noch nie ein Flugzeug oder einen Abgabetermin versäumt habe.

Von den fiktiven Ängsten in meinen Albträumen kurz zu den realen Ängsten im Leben: Aus meiner Sicht hat niemand einen großen Plan, wie in Zukunft acht Milliarden Menschen gemeinsam friedlich und nachhaltig leben können. Auch wenn sich das manche wünschen, wäre so eine ultimative Gesamtlösung genau das, was uns nicht weiterbringt. Es würde die Illusion nähren, dass wir alle Probleme technisch lösen können, und dabei den menschlichen Aspekt vernachlässigen.

Trotz all der bekannten Bedrohungen wird die Menschheit nicht so schnell untergehen. Alle apokalyptischen Szenarien sind bislang nicht eingetreten, weil sie den menschlichen Fortschrittsgeist nicht berücksichtigt haben. Wobei wir zwischen technischem und geistig-spirituellem Fortschritt unterscheiden müssen. Der technische Fortschritt in den letzten hundert Jahren war gigantisch und dieser wird sich mit heute kaum vorstellbarer Geschwindigkeit weiterentwickeln. Technisch gesehen könnten wir den Totalausstieg aus den fossilen Energiequellen und die nachhaltige Transformation unserer Produktionsmethoden durchaus schaffen. Wir wären auch in der Lage, acht Milliarden Menschen ausreichend zu ernähren und mit Wasser zu versorgen – nur anders als bisher. Es gibt Tausende faszinierende Beispiele und Modelle dafür, wir müssten sie nur endlich umsetzen. Und genau darin liegt die große Herausforderung. Die moralische Weiterentwicklung des Menschen hat bisher leider mit dem technischen Fortschritt in keiner Weise Schritt halten können. An dieser Stelle aber der Hinweis auf das siebeneinhalbte Prinzip von Viktor Frankl: »Jammern nützt nichts.«

Die Welt hat genug Probleme. »The Great Resignation« ist genau das, was wir nicht brauchen. Mein Buch ist hoffentlich die Gegenthese dazu. Was die Welt von uns verlangt, ist unsere positive Energie.

Ich bin überzeugt, dass unsere Fähigkeit, produktiv mit Ambivalenzen umzugehen, in Zukunft noch viel stärker gefordert sein wird. Unter Ambivalenz versteht man das Nebeneinander von gegensätzlichen Gefühlen, Gedanken und Wünschen. So sind viele unserer Entscheidungen von der Frage »Haben oder Sein?« bestimmt. Da wir oft beides vereinen wollen, werden wir bei einem ambivalenten Sowohl-als-auch landen.

Balance bedeutet, Gesundheit statt Wachstum anzustreben. Die Jahreszeiten sind ein gutes Beispiel dafür. Natürlich freuen wir uns, wenn es nach einem kalten Winter im Frühling erst langsam und im Sommer dann schneller immer wärmer wird – mittlerweile mehr, als uns lieb ist. Doch würde diese Zunahme an Sonnenschein und Wärme nicht im September in den Herbst übergehen, sondern immer größer werden, wäre es mit unserer Freude schnell vorbei.

Am Ende des Tages geht es um den Versuch der Annäherung an unser eigenes Licht. Licht und Dunkelheit stehen nicht für Gut und Böse, sondern für das hellsichtige Erkennen im Gegensatz zum dunklen Nicht-Wissen. Für mich ist die Arbeit an einem Buch immer eine sehr intime Zeit. Je mehr ich erkenne, begreife und spüre, umso näher kann ich meinem Licht kommen. Überraschend war für mich, wie sehr sich meine eigene Stimmung positiv veränderte, je mehr ich über die optimistische Weltsicht von Viktor Frankl, Bruder David und Mihaly Csikszentmihalyi schrieb. Durch das Hören ihrer Stimmen aus den Aufzeichnungen und das Lesen ihrer Texte sah ich wieder mehr Licht und weniger Finsternis in meinem Leben und in der Welt.

Dank meinen Begegnungen mit Bruder David ist es mir leichtgefallen, über Dankbarkeit zu schreiben. Glaube bitte nur nicht, dass mir deshalb die Haltung des dankbaren Lebens selbst schon gelungen ist. Ich musste feststellen, wie schwer ich mich von bestimmten Lebensthemen lösen kann. Erst jetzt im Rückblick wird mir wieder bewusst, dass mein Leben aus besonderen Augenblicken und nicht aus grandiosen Plänen besteht. Diese Einsicht konfrontiert mich mit fundamentalen Lebensfragen: Wie schaffe ich es wieder, diese Augenblicke dankbar zu schätzen und nicht nur darüber zu schreiben? Was sollte ich für mein langfristiges Glück tun, das ich bisher verabsäumt habe? Welche Dinge muss ich beenden, die dieses Glück in meiner Zukunft gefährden? Was würde ich in zehn Jahren bereuen, wenn ich es heute nicht machen würde?

Mein Freund und Mentor Ernst Scholdan hat mich immer daran erinnert, dass noch wichtiger als die Inhalte meiner Bücher die Reaktionen der Leserinnen und Leser darauf sind. »Heute weiß ich, dass, wenn es mir gut geht, es den anderen auch gut geht. Wenn ich mich selbst gut spüre, fällt es mir leichter, zu merken, was bei den anderen läuft. Erst wenn ich mit mir selbst einigermaßen im Reinen bin, habe ich genug Energie, mich ernsthaft mit den Problemen der Welt zu beschäftigen«, hat mir eine Leserin einmal geschrieben. Ein weiser Satz, der dieses Buch nicht zumachen, sondern aufmachen soll.

Danke

Für die fachliche Unterstützung bei der Arbeit an diesem Buch möchte ich mich besonders bei dem Psychoanalytiker und Managementcoach **Klaus Geisslmayr**, dem Extrembergsteiger **Peter Habeler**, dem Sozial- und Gesundheitswissenschaftler **Klaus Hurrelmann**, dem Urologen und Leiter eines Zentrums für Männergesundheit **Markus Margreiter**, der Familientherapeutin **Martina Rammer-Gmeiner**, dem Vorstand der Klinik für Innere Medizin des Landeskrankenhauses Graz **Alexander Rosenkranz**, der Mitbegründerin des Viktor Frankl Zentrums **Johanna Schechner** und der Lehrgangsleiterin der Logopädagogik **Annemarie Moser** bedanken.

Mein ganz besonderer Dank gilt meinem spirituellen Mentor, dem Benediktinermönch **David Steindl-Rast**, der mit seiner Lehre von der Dankbarkeit mein Leben und dieses Buch wunderbar bereichert hat.

Mit dem Glücksforscher **Mihaly Csikszentmihalyi** und dem Altabt des Benediktinerstifts Melk **Burkhard Ellegast** habe ich zwei Freunde und inspirierende Unterstützer verloren. Mit ihrem Tod haben sie eine große Lücke in das Leben vieler Menschen gerissen, die sie persönlich kennen durften.

Wesentliche Beiträge und Geschichten in diesem Buch verdanke ich den Gesprächen mit **Susanne Funcke**, **Katharina Gellner**, **Markus Gull**, **Tatjana Halek-Schröder**, **Heinz Herczeg**, **Astrid Kleinhanns-Rolle**, **Sissy Kreuzmayr**,

Therese Niss, Elham Pedram, Thomas Plötzeneder, Günter Rattay, Manuela Rattay, Marie Ringler, Markus Schindler, Sascha Strohmer und **Julia Weinzettl.**

Martina Ableidinger, Michael Burggraf und **Nicole Puzsar** von der Magistratsabteilung 48 der Stadt Wien danke ich für die vertrauensvolle Unterstützung bei den Interviews mit den Mitarbeiterinnen und Mitarbeitern der Abfallwirtschaft.

Dies ist mein insgesamt elftes Buch, das erste, das im Verlag edition a erscheint. Für das große Vertrauen und die professionelle Unterstützung möchte ich mich bei dem Verleger **Bernhard Salomon** und seinem überaus engagierten Team herzlich bedanken. Meine Lektorin **Karin Gilmore** hat die Herausforderung, meine für ein Sachbuch oft »originellen« Formulierungen mit der deutschen Sprache zu versöhnen, souverän bewältigt. **Saskia Blatakes** hat mich bei der Zusammenfassung der drei gemeinsamen Wertehaltungen von Viktor Frankl, Mihaly Csikszentmihalyi und David Steindl-Rast unterstützt.

Folgenden Menschen habe ich die Rohfassung dieses Buches vorab anvertraut. Sie haben das Buch mit ihren Ideen und ihrem Feedback lesefreundlicher und besser gemacht: **Klaus Geisslmayr, Verena Genn, Tatjana Halek-Schröder, Magdalena Hankus, Katharina Gellner, Bernhard Görg, Markus Gull, Christine Hofmann, Astrid Kleinhanns-Rollé, Sissy Kreuzmayr, Peter Niederleithner, Monika Ottenschläger, Elham Pedram, Ronnie Piëch, Günter Rattay, Manuela Rattay, Sascha Strohmer** und **Witold Szymanski.**

Sie möchten Sinnvolles unterstützen?

Das weltweit erste VIKTOR FRANKL MUSEUM WIEN ermutigt Menschen zu einem kraftvollen, engagierten »Ja zum Leben!«. Es gibt vielfältige Sinnangebote, die Sie für sich entdecken und fördern können. Alle Informationen finden Sie unter www.franklzentrum.org.

Ihre Meinung ist mir wichtig.

Wie ich im Epilog geschrieben habe, sind mir die Reaktionen meiner Leserinnen und Leser ebenso wichtig wie die Bücher selbst. Sie können mir gerne eine E-Mail an andreas@salcher.co.at schicken, mich auf meiner Website www.andreassalcher.com besuchen und dort auch meine Podcasts zum Thema »Lebensbildung« anhören oder mir unter @SalcherAndreas auf Twitter folgen.

Andreas Salcher
Wien, im November 2022

Herzlich willkommen! Du gehörst zu jenen 17 Prozent der Menschen, die bei einem Buch zuerst die letzte Seite lesen. Hier die Zusammenfassung dieses Buches für dich in drei Sätzen und drei Zitaten:

Nicht die Zusammenballung der Krisen der äußeren Welt erschöpft uns, die tieferen Ursachen liegen in den Folgen unserer falschen Entscheidungen und Selbsttäuschungen.

Stabile Wertehaltungen können ein starker Schutzschild gegen Erschöpfung sein.

Es liegt in unserer Macht, zu entscheiden, ob wir erschöpft sind oder nicht.

»Die Einbildung tröstet die Menschen über das, was sie nicht sein können. Der Humor tröstet sie darüber hinweg, was sie wirklich sind.«

Albert Camus

»Ich bin ein alter Mann und habe viel Schreckliches erlebt, aber zum Glück ist das meiste davon nie eingetroffen.«

Mark Twain

»Fasse den klaren Vorsatz, nie Geschichten und Gerüchte weiterzuerzählen, welche Angst verbreiten. Sei ruhig und verbreite Ruhe.«

David Steindl-Rast